汽车构造与原理
百日通

周晓飞 主编

QICHE GOUZAO YU YUANLI
BAIRITONG

化学工业出版社
·北京·

本书是汽车构造与原理知识的普及读物，利用汽车"结构通解"和"原理通解"两个模块，围绕直观的汽车图像对汽车的构造原理知识进行简明扼要的阐述。内容依次为了解汽车、汽车发动机、汽车传动系统、汽车行驶系统、汽车转向系统、汽车制动系统、汽车电气系统、汽车车身系统。

全书图文并茂，超大彩图与知识衔接讲解录音音频、复杂原理构造高清彩色大图、发动机原理MP4动画演示视频有机结合，轻松掌握汽车基本构造与原理。

本书不仅适合汽车维修工自学使用，也可供各类职业技术院校和企业培训机构日常教学培训参考，汽车驾驶员、汽车爱好者甚至对汽车感兴趣的中、学生也能看懂。

图书在版编目（CIP）数据

汽车构造与原理百日通/周晓飞主编．—北京：化学工业出版社，2017.7（2023.3重印）
ISBN 978-7-122-29712-9

Ⅰ.①汽⋯　Ⅱ.①周⋯　Ⅲ.①汽车-构造　Ⅳ.①U463

中国版本图书馆CIP数据核字（2017）第110204号

责任编辑：黄　滢　　　　　　　　　　　文字编辑：张燕文
责任校对：王素芹　　　　　　　　　　　装帧设计：王晓宇

出版发行：化学工业出版社（北京市东城区青年湖南街13号　邮政编码100011）
印　　装：涿州市般润文化传播有限公司
787mm×1092mm　1/16　印张13$\frac{1}{2}$　字数311千字　2023年3月北京第1版第4次印刷

购书咨询：010-64518888　　　　　　　　售后服务：010-64518899
网　　址：http://www.cip.com.cn
凡购买本书，如有缺损质量问题，本社销售中心负责调换。

定　　价：69.00元　　　　　　　　　　　　　　　　　　　　版权所有　违者必究

FOREWORD 前言

本书利用汽车"结构通解"和"原理通解"两个模块，围绕直观的汽车图像对汽车的构造原理知识进行扼要简明的阐述。内容依次为了解汽车、汽车发动机、汽车传动系统、汽车行驶系统、汽车转向系统、汽车制动系统、汽车电气系统、汽车车身系统。

本书在编写过程中主要注重体现以下特色。

1. 采用精美超大彩图的方式进行表达，抛去复杂难懂的概念，力求汽车构造与原理知识一目了然，直观易懂，带给读者朋友完美清新的视觉体验。

2. 为了便于读者学习和理解，对重点、难点内容，如发动机原理，增配了MP4动画演示视频，对于稍复杂一些的原理和结构知识，增配了高清彩色大图和知识衔接讲解录音音频，只需用手机扫描书中的二维码，即可快速便捷地观看和收听。

3. 本书是汽车构造与原理知识的普及读物，不仅适合汽车维修工阅读，也可供各类职业技术院校和企业培训机构日常教学培训参考，汽车驾驶员、汽车爱好者甚至对汽车感兴趣的中小学生也能看懂。

本书由周晓飞主编并完成二维码音频制作，二维码动画视频内容由管晶制作完成。编写过程中参考了相关的图书、多媒体资料及原车维修手册，同时也汇集了很多业内汽修高手的经验，万建才、陈晓霞、董小龙、赵朋、宋东兴、边先锋、李新亮、李飞霞、刘振友、刘文瑞、郝建庄、王立飞、彭飞、温云、张建军、宇雅慧，对本书的插图绘制和整理也做了大量工作，在此谨向这些为本书编写给予帮助的同志及相关文献作者表示衷心的感谢！

由于水平所限，书中难免有不妥之处，敬请广大读者批评指正。

编者

目录

第一章　了解汽车

第一节　汽车文化概览　　　　　　　　　002
　　一、汽车的始祖　　　　　　　　　　002
　　二、世界上第一辆蒸汽汽车　　　　　003
　　三、世界上第一辆三轮汽油汽车　　　004
　　四、世界上第一辆四轮汽油汽车　　　004

第二节　汽车组成概览　　　　　　　　　005
　　（扫码看高清大图）　　　　　　　　006

第三节　汽车的性能　　　　　　　　　　007
　　一、汽车的动力性（扫码免费听讲解）007
　　二、汽车的安全性　　　　　　　　　007
　　三、汽车的平顺性　　　　　　　　　007
　　四、汽车的通过性　　　　　　　　　007
　　五、汽车的燃油经济性　　　　　　　007

第四节　电动汽车概览　　　　　　　　　008

第二章　汽车发动机

第一节　发动机类型及组成　　　　　　　012
　　一、发动机类型　　　　　　　　　　012
　　二、发动机组成　　　　　　　　　　015

第二节　发动机基本工作原理与运行　　　017
　　一、发动机基本工作原理
　　（扫码看高清大图）　　　　　　　　017
　　（扫码看动画演示视频）　　　　　　020
　　二、发动机运行　　　　　　　　　　021

三、气缸直接喷射（扫码免费听讲解） 022

第三节　发动机机体 022

第四节　曲柄连杆机构 023

　　　一、曲柄连杆机构作用和原理 023

　　　二、曲柄连杆机构组成 024

　　　（扫码看高清大图） 029

　　　（扫码免费听讲解） 031

　　　（扫码看实物图） 032

　　　（扫码免费听讲解） 036

　　　（扫码免费听讲解） 037

第五节　配气机构 038

　　　一、配气机构原理 038

　　　二、配气机构组成 039

　　　（扫码免费听讲解） 040

第六节　润滑系统 052

　　　一、润滑系统作用 052

　　　二、润滑系统结构和原理 053

　　　（扫码看高清大图） 056

　　　（扫码免费听讲解） 057

　　　（扫码看实物图） 059

第七节　冷却系统 063

　　　一、冷却系统作用 063

　　　二、冷却系统组成 063

第八节　进气和排气系统 070

　　　一、进气和排气系统作用 070

　　　二、进气系统结构 070

　　　三、排气系统结构 074

第九节　燃油供给系统 079

一、燃油泵　　　　　　　　　　　080
二、燃油箱　　　　　　　　　　　081
三、喷油器　　　　　　　　　　　083
（扫码免费听讲解）　　　　　　　085

第十节　发动机电控系统　　　　　085
一、发动机电子控制系统组成　　　085
扫一扫，听讲解　　　　　　　　　085
二、控制信号和组成　　　　　　　088
三、电子节气门　　　　　　　　　089
四、空气流量计　　　　　　　　　091
五、氧传感器（扫码免费听讲解）　092
六、曲轴位置传感器　　　　　　　093

第三章　汽车传动系统

第一节　概述　　　　　　　　　　098
第二节　离合器　　　　　　　　　099
一、离合器作用　　　　　　　　　099
二、离合器结构组成　　　　　　　099
三、离合器操纵　　　　　　　　　101
第三节　手动变速器　　　　　　　102
第四节　自动变速器　　　　　　　105
一、AMT变速器　　　　　　　　 105
二、DCT变速器（扫码免费听讲解）106
三、CVT变速器　　　　　　　　 107
四、AT变速器　　　　　　　　　 110
（扫码免费听讲解）　　　　　　　111

第五节　差速器和主减速器　　　　　115
　　一、差速器　　　　　　　　　　115
　　　（扫码免费听讲解）　　　　　116
　　二、主减速器　　　　　　　　　117
　　　（扫码免费听讲解）　　　　　117

第六节　传动装置　　　　　　　　　120
　　一、传动轴　　　　　　　　　　120
　　二、万向节　　　　　　　　　　121

第四章　汽车行驶系统

第一节　非独立悬架　　　　　　　　124
　　一、钢板弹簧式非独立悬架　　　124
　　二、螺旋弹簧式非独立悬架　　　125

第二节　独立悬架　　　　　　　　　126
　　一、独立悬架优点　　　　　　　126
　　二、麦弗逊式独立悬架
　　　（扫码多角度看细节图）　　　126
　　　（扫码看高清大图）　　　　　127

第三节　电子悬架　　　　　　　　　128
　　一、电磁悬架　　　　　　　　　128
　　二、空气悬架　　　　　　　　　130
　　三、新型悬架控制系统
　　　（扫码看高清大图）　　　　　131
　　　（扫码看高清大图）　　　　　132

第四节　轮胎　　　　　　　　　　　133

第五节　车轮定位　　　　　　　　　136
　　一、车轮前束　　　　　　　　　136

二、车轮外倾　　　　　　　　　　　137
三、主销内倾　　　　　　　　　　　138
四、主销后倾　　　　　　　　　　　139

第五章　汽车转向系统

第一节　概述　　　　　　　　　　　142
第二节　转向机　　　　　　　　　　143
第三节　转向操纵机构（扫码看高清大图）　144
第四节　动力转向系统　　　　　　　148
第五节　电子转向系统　　　　　　　153

第六章　汽车制动系统

第一节　液压制动系统　　　　　　　160
　　　　（扫码看高清大图）　　　　　161
　　一、制动助力器和串联制动总泵　　161
　　二、盘式制动器　　　　　　　　　162
　　三、鼓式制动器　　　　　　　　　163
第二节　驻车制动器　　　　　　　　164
第三节　电子辅助制动系统　　　　　165
　　一、制动防抱死系统　　　　　　　165
　　二、电子驻车系统（扫码免费听讲解）　168
　　　　（扫码多角度看细节图）　　　171

第七章　汽车电气系统

第一节　起动机　174

第二节　发电机　179

第三节　汽车空调系统　182

　一、空调制冷系统（扫码看高清大图）　182

　　（扫码看高清大图）　183

　　（扫码看高清大图）　185

　　（扫码看高清大图）　189

　　（扫码看高清大图）　191

　二、暖风系统　192

　三、通风系统　192

　四、控制系统　192

第四节　电气网络系统布局　192

第八章　汽车车身系统

　一、车身尺寸（扫码免费听讲解）　196

　二、车身结构和材料　197

　三、车内装置　202

参考文献

第一章中二维码所在页码：006，007

Chapter 01　**第一章
了解汽车**

第二章
汽车发动机

第三章
汽车传动系统

第四章
汽车行驶系统

第五章
汽车转向系统

第六章
汽车制动系统

第七章
汽车电气系统

第八章
汽车车身系统

第一节　汽车文化概览

一、汽车的始祖

1678年，55岁的比利时籍传教士南怀仁，研造出了冲动式蒸汽汽车模型，成为汽车的始祖。

来华传教的"汽车人"（图1-1）

南怀仁（Ferdinand Verbiest），1623年10月9日出生于比利时，1658年来华，是清初最有影响的来华传教士之一，1678年研造出蒸汽汽车模型。南怀仁为近代西方科学知识在我国的传播做出了重要贡献，他精通天文历法、擅长铸炮，是钦天监（类似现在国家天文台）业务上的最高负责人，官至工部侍郎，正二品。著有《康熙永年历法》等。

图1-1

Chapter 01　第一章　了解汽车

 南怀仁研造的蒸汽汽车模型（图1-2）

　　南怀仁研造的这辆蒸汽汽车现存北京汽车博物馆，只有2尺长（约67cm），4个轮子，重要的是中部的火炉和汽锅。铜制的汽锅犹如现在的水壶，下平上圆，顶上有一喷气的壶嘴，壶加热后，蒸汽从小嘴里喷吐而出，产生很大能量，射在涡轮叶片上，像水车产生动力，带动汽车后轮，驱动小车行走。车辆前部有手动轮，控制行走方向。实实在在的是个模型，无实用价值，但也是一种创举。

(a)

(b)

图1-2

二、世界上第一辆蒸汽汽车

　　1769年，44岁的法国陆军技术军官、炮兵大尉尼古拉斯·古诺成功制造出世界上第一辆完全依靠自身动力行驶的蒸汽汽车。

 世界上第一辆蒸汽汽车（图1-3）

　　古诺发明的这辆汽车很笨重，车长7.3m，车高2.2m，框架支撑着直径为1.34m的梨形锅炉，而整个车身置于一个大三轮车上，车上装有双活塞蒸汽机。前单轮驱动并转向，最高速度为4km/h。每行驶15min停车1次，然后加水再产生蒸汽继续慢慢悠悠行驶。经多次改进，车速提高了125%，可达到9km/h，可乘坐4人。

图1-3

三、世界上第一辆三轮汽油汽车

1885年9月5日，41岁的德国人卡尔·本茨（Karl Friedrich Benz），成功制造了三轮乘坐车。1886年1月29日，他向帝国专利局申请发明汽车的专利，这一天成为汽车的诞生日。本茨被誉为"汽车之父"，这是因为公认的汽车定义中排除了用蒸汽机驱动的各种车辆，而本茨是最早使汽油机汽车作为商品制造成功的人。

现存的世界上第一辆奔驰汽车（图1-4）

奔驰的这辆三轮汽车，现珍藏在德国慕尼黑科技博物馆，保存完损无缺，还可以发动，旁边悬挂着"这是世界上第一辆汽车"的说明牌。这辆汽车1994年曾以1亿马克（折合人民币约4.186亿元）的高价保险运到北京一研讨及展览会上展览。

图1-4

四、世界上第一辆四轮汽油汽车

1890年11月28日，戴姆勒在斯图加特附近的勘斯塔特城（Bad Cannstatt）组建了戴姆勒发动机有限公司DMG（Daimler Motoren Gesellschaft），批量生产发动机和试制汽车。

1892年8月31日，戴姆勒公司正式制造出了第一辆汽车，首辆汽车买主是摩洛哥苏丹穆莱·哈桑一世。他不仅是购买戴姆勒公司产品的第一个客户，也是第一个拥有汽油汽车的君主。

 世界上第一辆四轮汽油汽车（图1-5）

1883年8月，德国人戴姆勒发明了一种具有高压缩比的以汽油作为燃料的内燃式发动机，这是世界上第一台单缸四冲程发动机。戴姆勒不断改进他所设计的发动机，1886年8月，他将发动机装到了一辆四轮马车上，这样就诞生了世界上第一辆四轮汽油汽车。

图1-5

第二节　汽车组成概览

结构通解　（图1-6）

汽车由发动机、底盘、车身、电气设备四大部分组成。

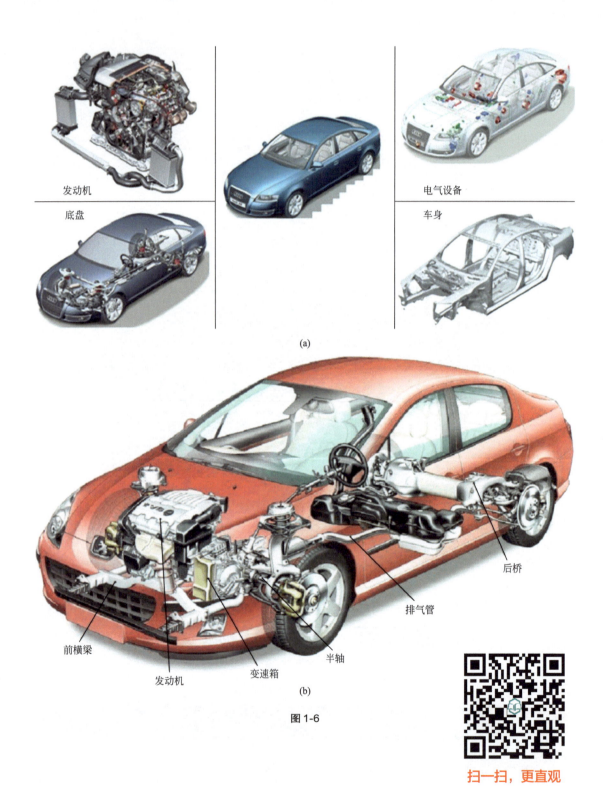

图 1-6

第三节 汽车的性能

一、汽车的动力性

1.汽车动力性定义

汽车的动力性是指汽车在良好路面上直线行驶时由汽车受到的纵向外力决定的、所能达到的平均行驶速度。汽车的动力性是汽车各种性能中最基本的、最重要的性能。

2.汽车动力性评价指标

汽车动力性主要由以下三个指标来评定。

① 汽车的最高车速：是指在水平良好的路面上汽车能达到的最高行驶速度。

② 汽车的加速时间：表示汽车的加速能力，包括原地起步加速时间和超车加速时间。

③ 汽车的最大爬坡度：是用满载或一部分负载的汽车在良好路面上的最大爬上坡度表示的。由于减速增矩的缘故，这个爬坡度是一挡的最大爬坡度。越野车的最大爬坡度大概是60%，即角度制的31°左右。

扫一扫，听讲解

二、汽车的安全性

汽车的安全性分为主动安全性和被动安全性。汽车的主动安全性主要是指汽车防止或减少道路交通事故发生的性能；汽车的被动安全性是指交通事故发生后，汽车减轻人员伤害程度或货物损失的能力。

三、汽车的平顺性

汽车的平顺性是指汽车在一般行驶速度范围内行驶时，能保证乘员不会因车身振动而引起不舒服和疲劳的感觉，以及保持所运货物完整无损的性能。由于行驶平顺性主要是根据乘员的舒适程度来评价，又称为乘坐舒适性。悬架、轮胎是影响汽车平顺性的主要因素。

四、汽车的通过性

汽车的通过性是指汽车以相对平稳的速度，通过一些路况复杂的道路的能力。

五、汽车的燃油经济性

汽车的燃油经济性是汽车的一个重要性能，也是每个拥有汽车的人最关心的指标之一。它关系到每个人的切身利益，在汽车使用过程中，最引人注意也是燃油消耗。

第四节　电动汽车概览

电动汽车包括纯电动汽车和插电式（含增程式）混合动力汽车，都是以电动方式行驶，使用动力电池（不包括铅酸电池），而且有外部充电插口。另外，包含其中的燃料电池汽车，也是以电能驱动车辆行驶的。

结构通解　（图1-7）

混合动力车型分为串联、并联和混联三种形式。其中在串联形式中，内燃机发动机并不直接提供动力，也不能单独带动车轮，而仅仅带动发电机为电池充电，提供电动机运行的电能。

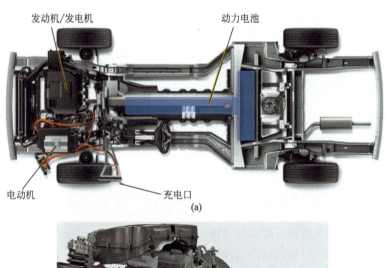

(a)

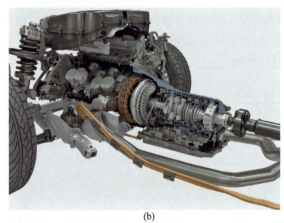

(b)

图1-7

结构通解 （图1-8）

串联结构的动力来源于电动机，发动机只能驱动发电机发电，并不能直接驱动车辆行驶。因此，串联结构中电动机功率一般要大于发动机功率，这样才能满足车辆的行驶需求。通俗地讲，串联混动结构即电动机+发动机=串联。

结构通解 （图1-9）

并联结构汽车靠发动机或电动机的某一个，或发动机和电动机共同驱动。并联结构保留了变速器。通俗地讲，并联混动结构即普通汽车+电动机=并联。

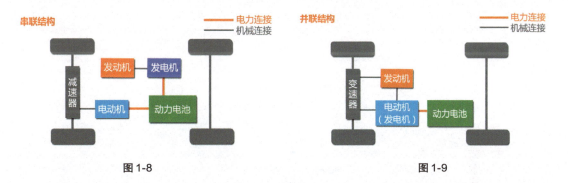

图1-8　　　　　　　　　　　　　图1-9

结构通解 （图1-10）

混联结构在发动机和电动机协同驱动汽车行驶的同时，发动机还能带动发电机为电池充电，不再像并联结构中单一电动机需要身兼二职，并且理论上它能够实现发动机带动发电机发电，电动机驱动汽车的模式。当然，两个动力单元也能够单独驱动车辆。

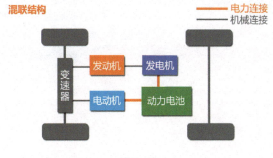

图1-10

温馨提示

第二章中二维码所在页码：017，020，022，029，031，032，036，037，040，053，056，057，059，085，092

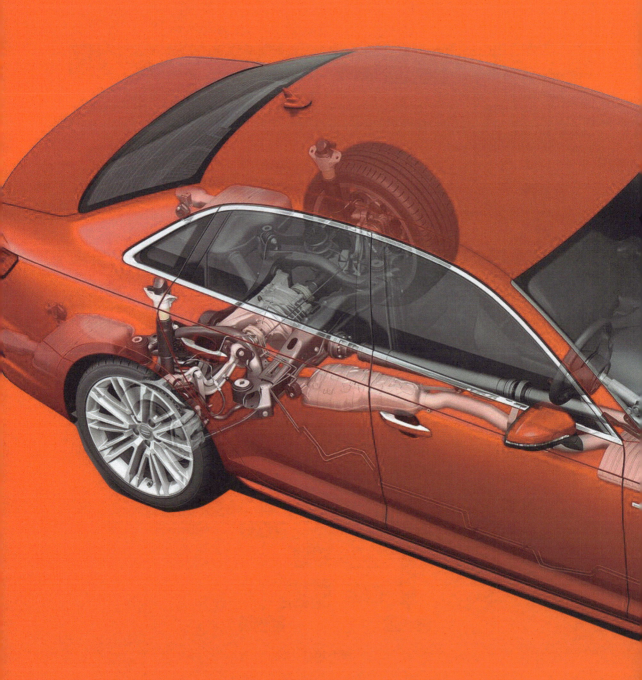

Chapter 02　第二章
汽车发动机

第一章
了解汽车

第三章
汽车传动系统

第四章
汽车行驶系统

第五章
汽车转向系统

第六章
汽车制动系统

第七章
汽车电气系统

第八章
汽车车身系统

第一节　发动机类型及组成

一、发动机类型

发动机类型见表2-1。

表2-1　发动机类型

类型		说明	图示
按使用燃料的不同分类	汽油发动机	汽油的沸点低、容易汽化。汽油发动机通过气缸压缩,将吸入的汽油汽化,并与缸内空气相混合,形成可燃混合气,由火花塞放电点燃气体推动气缸活塞做功	
	柴油发动机	柴油的特点是自燃温度低,所以柴油发动机不需要火花塞之类的点火装置,它采用压缩空气的方法提高空气温度,使空气温度超过柴油的自燃温度,这时再喷入柴油,雾状柴油和空气混合的同时自行燃烧	
	CNG发动机	发动机的燃烧系统增强缸内挤流和紊流,提高天然气燃烧速度,采用高能点火系统调整点火参数,提高燃烧效率。用CNG作为汽车燃料具有辛烷值高、燃烧完全、热值高、运行成本低和对大气的排气污染小等特点	

续表

类型		说明	图示
按使用燃料的不同分类	LPG 发动机	用LPG作为汽车燃料具有辛烷值高、燃烧完全、热值高、杂质少、运行成本低和对大气的排气污染小等特点	
	双燃料 发动机	作为新能源汽车之一，CNG双燃料车的环保性能突出，污染物排放量比同类型汽油车要少得多，进而改善空气质量，达到环保的效果	
按行程分类	四行程 发动机	活塞移动四个行程或曲轴转两圈气缸内完成一个工作循环	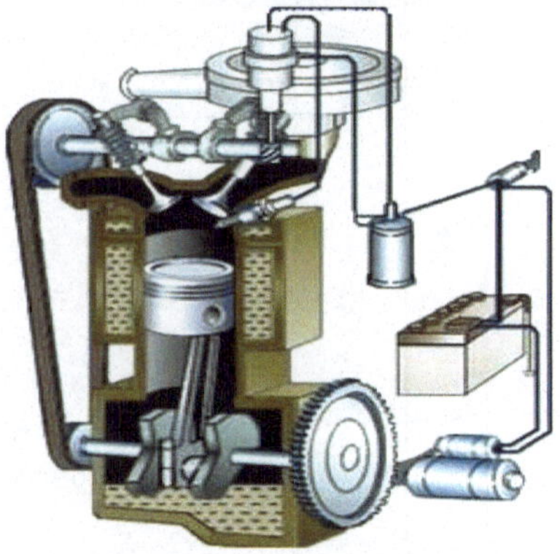
	二行程 发动机	活塞移动两个行程或曲轴转一圈气缸内完成一个工作循环	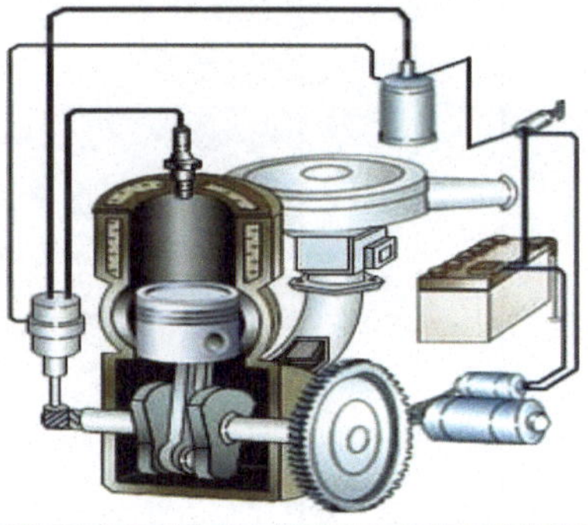

续表

类型		说明	图示
按冷却方式分类	水冷式发动机	以水为冷却介质，有冷却水箱（散热器），冷却靠水循环实现。常见汽车为水冷发动机	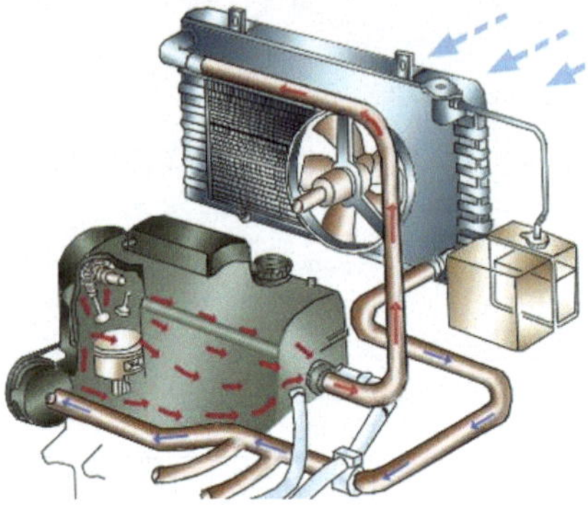
按气缸数目及气缸排列方式分类	单缸发动机	如除草机上的小发动机一般采用单缸形式	图略（只有一个气缸的发动机，常用汽车不常见）
	直列立式发动机	也称L型发动机，所有气缸中心线在同一垂直平面内。汽车上主要有L3、L4、L5、L6发动机	
	多缸发动机 V型发动机	是将所有气缸分成两组，把相邻气缸以一定的夹角布置在一起，使两组气缸形成两个有一个夹角的平面，从侧面看气缸呈V字形。例如，把直列6气缸分成两排，每排3个气缸，然后让这两排气缸成V字形布置，这就是V6发动机	
	W型发动机	是大众专属发动机技术，简单说就是两个V型发动机相加组成一个发动机	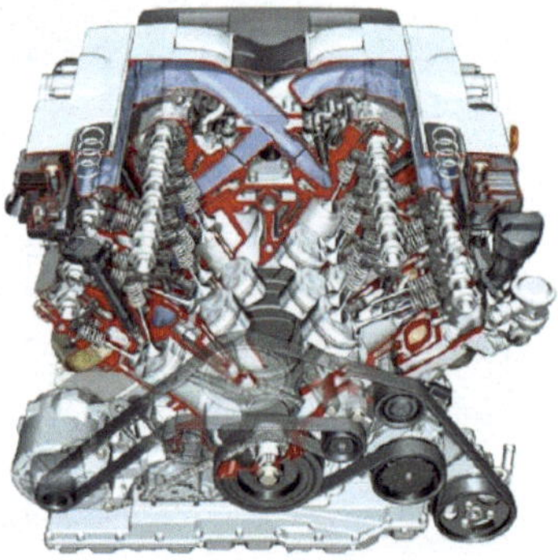

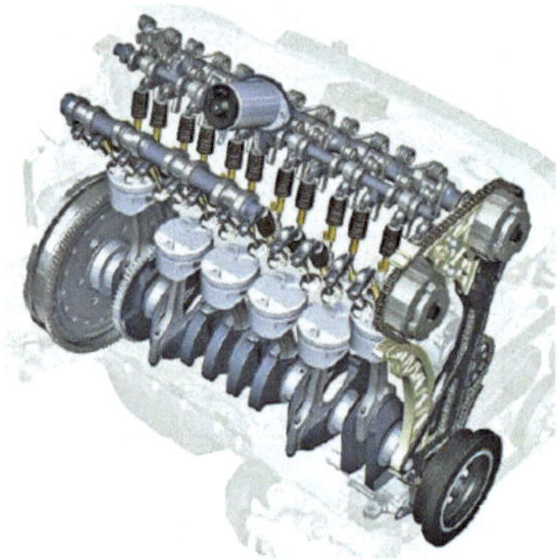

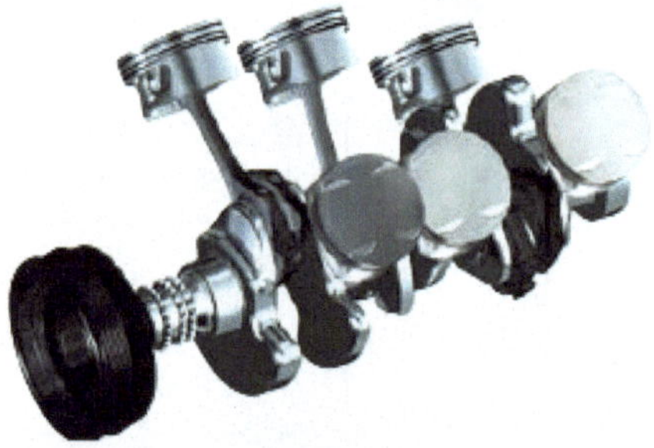

续表

类型			说明	图示
按气缸数目及气缸排列方式分类	多缸发动机	对置式发动机	也称H型发动机,其实也是V型发动机的一种,只不过V的夹角变成了180°,一般为4缸或6缸 目前世界上只有保时捷和斯巴鲁两家汽车制造商生产对置式发动机	
按活塞的工作方式分类	往复活塞式发动机		是活塞在气缸内做往复运动的发动机。现代汽车发动机如果不加特别说明,一般都是往复活塞式发动机	
	转子活塞式发动机		这种发动机取消了无用的直线运动,因而同样功率的转子活塞式发动机尺寸较小,重量较轻,而且振动和噪声较小,具有较大优势。三角转子把气缸分成三个独立空间,三个空间各自先后完成进气、压缩、做功和排气过程,三角转子自转一周,发动机点火做功3次 目前只有日本马自达汽车在应用这项技术	

二、发动机组成

发动机是汽车的动力装置,其作用是使供入发动机的燃料燃烧而产生动力经传动系统驱动汽车行驶。现代电控汽油发动机由两大机构和六大系统组成。

结构通解 (图2-1)

发动机两大机构是曲柄连杆机构和配气机构;六大系统为电控燃料供给系统、冷却系统、润滑系统、启动系统、点火系统、电源系统。

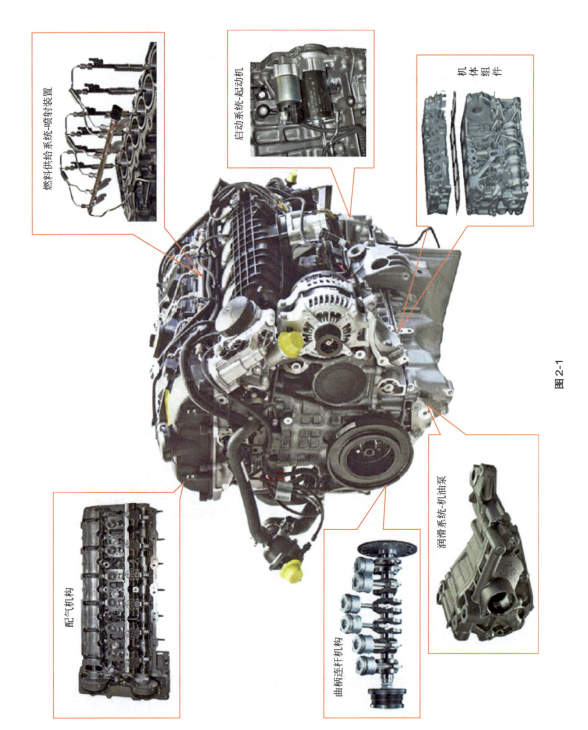

图 2-1

第二节　发动机基本工作原理与运行

一、发动机基本工作原理

发动机之所以能源源不断地提供动力，是因为气缸内的进气、压缩、做功、排气四个行程的往复循环运作。

扫一扫，看细节

原理通解　（图2-2）

进气行程：新鲜空气或汽油空气混合气被吸入燃烧室内。

第一个冲程进气行程开始时，活塞位于上止点，向下止点方向移动。进气门打开。活塞向下移动时，燃烧室容积增大。此时产生轻微真空，从而使新鲜空气或汽油空气混合气通过打开的进气门吸入燃烧室内。活塞到达下止点时，燃烧室内充满新鲜空气或汽油空气混合气。进气门关闭。

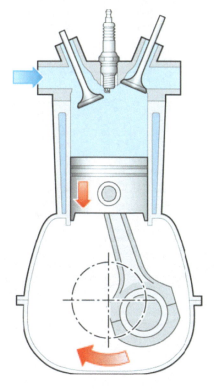

图2-2

原理通解 （图2-3）

压缩行程：吸入的新鲜空气或汽油空气混合气被活塞压缩。

第二个冲程压缩行程开始，气门都关闭时，活塞从下止点向上止点移动。由于燃烧室容积减小且新鲜空气或汽油空气混合气无法排出，因此新鲜空气或汽油空气混合气被压缩，燃烧室内的压力明显增大。

进行快速压缩时，燃烧室内的温度也随之升高。活塞即将到达上止点前，混合气被火花塞的火花点燃，此时称为点火时刻。汽油空气混合气开始燃烧并释放出热能。温度升高时气体迅速膨胀，但燃烧室是一个封闭空间，气体无法快速膨胀，因此燃烧室内的压力急剧增大。

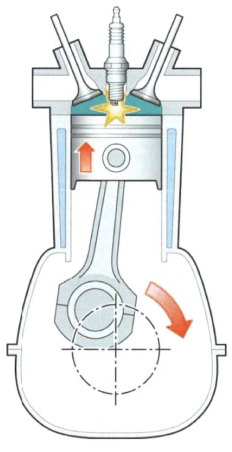

图2-3

原理通解 （图2-4）

做功行程：汽油空气混合气开始燃烧，产生的压力促使活塞向下移动。

第三个冲程做功行程开始，燃烧室内的高压向其边界面（燃烧室壁、燃烧室顶和活塞）施加作用力。活塞在作用力下向下止点方向移动。此时容积增大，气体膨胀做功，燃烧室内的压力减小。燃油内储存的化学能转化为机械功。气体膨胀还导致燃烧室内的温度下降。活塞到达下止点时排气门打开，压力值降至环境压力。

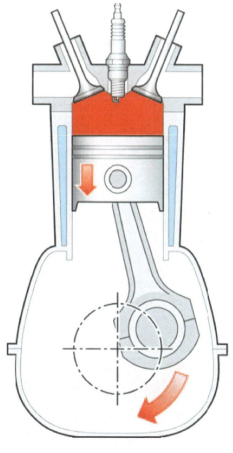

图2-4

原理通解 （图2-5）

排气行程：排出燃烧室内的废气。

第四个冲程排气行程开始，活塞从下止点向上止点移动。

燃烧室容积减小。通过打开的排气门排出燃烧空气。燃烧室内的压力短时稍稍增大，最后重新降至环境压力。

第四个冲程结束且活塞到达上止点时，排气门关闭。

排气行程结束，进气行程开始。四冲程过程重新开始循环作业。

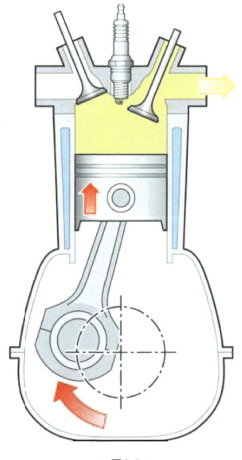

图2-5

扫一扫，
看动画视频演示

二、发动机运行

原理通解 （图2-6）

汽油发动机采用火花点火方式,即混合气通过火花塞点燃。发动机通过循环燃烧汽油空气混合气产生热能。在密闭的气缸燃烧室内,火花塞将一定比例汽油空气混合气在合适的时刻瞬间点燃,就会产生一个巨大的爆炸力,而燃烧室顶部是固定的,巨大的压力迫使活塞向下运动,通过连杆推动曲轴,在此过程中将活塞的直线运动转化为转动,再通过一系列机构把动力传到驱动轮上,最终推动汽车。

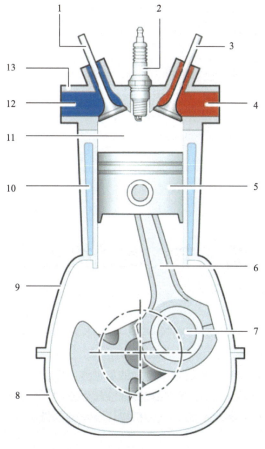

图2-6

1—进气门；2—火花塞；3—排气门；4—排气通道；5—活塞；
6—连杆；7—曲轴；8—油底壳；9—曲轴箱；10—水套；
11—燃烧室；12—进气通道；13—气缸盖

三、气缸直接喷射

结构通解（图2-7）

在传统汽油发动机中,汽油空气混合气在燃烧室外部混合随后进入燃烧室内。而在现代直喷汽油发动机中,直接在燃烧室内形成汽油空气混合气。

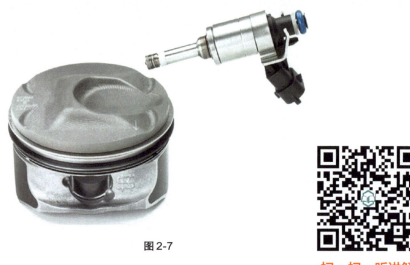

图 2-7

扫一扫,听讲解

第三节　发动机机体

发动机机体（壳体）起到与外界隔离密封,并吸收发动机运行过程中的各种作用力的作用,具体体现在以下三方面。
① 发动机壳体吸收发动机运行过程中产生的各种作用力。
② 发动机壳体对燃烧室、发动机机油和冷却液起到密封作用。
③ 发动机壳体固定曲轴传动机构、气门机构以及其他部件。

结构通解（图2-8）

发动机壳体由气缸盖罩、气缸盖、曲轴箱、油底壳等构成。此外,为了确保发动机壳体完成其工作任务,还需要密封垫和螺栓。

Chapter 02 第二章 汽车发动机

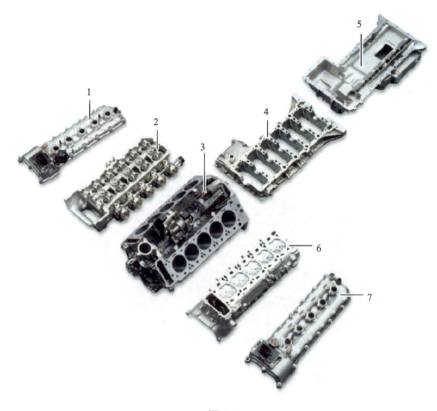

图2-8

1—气缸列1的气缸盖罩；2—气缸列1的气缸盖；
3—曲轴箱；4—底板；5—油底壳；
6—气缸列2的气缸盖；7—气缸列2的气缸盖罩

第四节　曲柄连杆机构

一、曲柄连杆机构作用和原理

　　曲柄连杆机构是发动机实现工作循环，完成能量转换的主要运动零件。在做功行程中，活塞承受燃气压力在气缸内做直线运动，通过连杆转换成曲轴的旋转运动，并从曲轴对外输出动力。而在进气、压缩和排气行程中，飞轮释放能量又把曲轴的旋转运动转化成活塞的直线运动。

二、曲柄连杆机构组成

结构通解 （图2-9）

曲柄连杆机构由气缸体、活塞连杆组和曲轴飞轮组等组成。

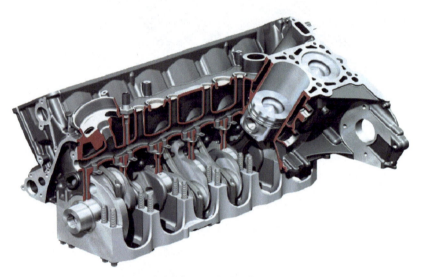

(a) 曲柄连杆机构剖视图（缸体内）

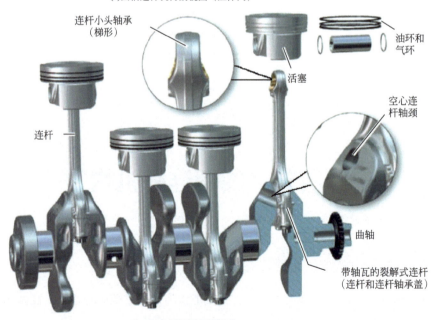

(b) 曲柄连杆机构组成

图2-9

1. 曲轴传动机构

结构通解 （图2-10）

曲轴传动机构是一个将燃烧室压力转化为动能的功能分组。在此过程中，活塞的往复运动转化为曲轴的转动。

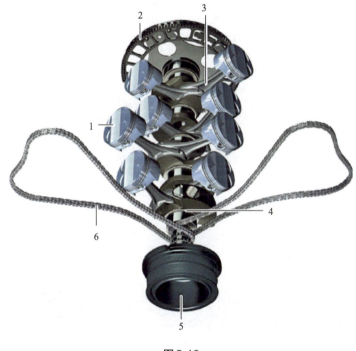

图2-10

1—活塞；2—飞轮；3—连杆；4—曲轴；5—扭转减振器；6—正时链

曲轴传动机构负责将燃烧过程中产生的压力转化为有效动能。在此过程中活塞进行线性加速运动。连杆将该动能传递给曲轴，曲轴将其转化为转动形式。

原理通解 （图2-11）

曲轴传动机构各部分的运动方式不同。

① 活塞在气缸内上下运动（往复运动）。

② 连杆通过连杆小头以可转动方式连接在活塞销上，也进行往复式运动。连杆大头连接在曲柄轴颈上并随之转动。连杆在曲轴圆周平面内摆动。

③ 曲轴围绕自身轴线转动（旋转）。

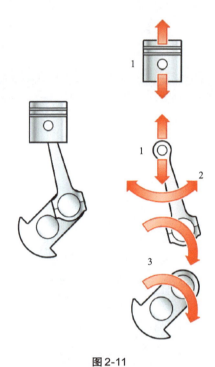

图 2-11

1—往复运动；2—摆动；3—旋转

2.气缸体

结构通解（图2-12）

气缸体是曲轴箱最主要的部分，是发动机的核心部件。曲轴箱包括气缸、冷却水套和曲轴传动机构壳体。

缸套由珩磨加工并通过粗糙铸造技术与缸体贴合

图 2-12

原理通解

气缸内装有活塞，气缸是活塞的主要运行通道。它们与活塞环相互配合主要起到滑动和密封的作用。此外还将热量传给曲轴箱或直接传给冷却液。

3. 曲轴箱

发动机运行时，曲轴箱空间内的气体始终保持运动状态。活塞运动对气体产生的作用就像泵装置一样。为了减少泵动作用造成的能量损耗，现在许多发动机的主轴承座内都有通道，这样可以使整个曲轴箱内达到压力平衡。

结构通解 （图2-13）

曲轴箱与油底壳之间的分界面构成了油底壳凸缘。在此分为两种不同的结构。

一种结构形式是分界面位于曲轴中心。虽然这种结构便于制造，但在刚度和噪声方面存在明显不足，因此高端车发动机一般不采用这种结构。

另一种结构形式是油底壳凸缘位于曲轴中心下方。这种曲轴箱又分为侧壁向下延伸的曲轴箱和包括上下部件的曲轴箱，其中曲轴箱下部件称为底板。

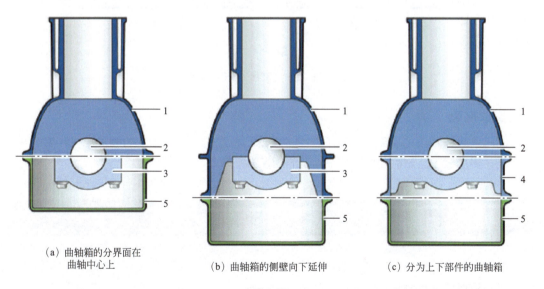

（a）曲轴箱的分界面在曲轴中心上　　（b）曲轴箱的侧壁向下延伸　　（c）分为上下部件的曲轴箱

图2-13

1—曲轴箱上部件；2—用于曲轴的开孔；3—主轴承盖板；
4—曲轴箱下部件（底板）；5—油底壳

4. 气缸套

结构通解 （图2-14）

气缸套构成了活塞和活塞环的工作面及密封面。气缸套的表面特性决定了气缸套与活塞及活塞环之间油膜的结构和分布情况。因此，气缸套的粗糙度在很大程度上决定着耗油量和发动机磨损程度。

湿式气缸套与冷却液水套即气缸套和曲轴箱构成的冷却液室直接接触。使用干式气缸套时，冷却液水套完全封装在曲轴箱内，气缸套不直接接触冷却液水套。

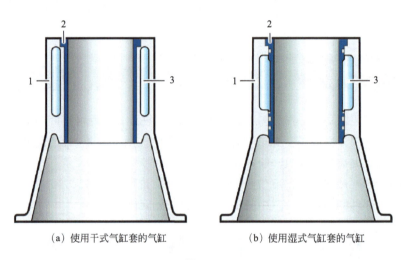

（a）使用干式气缸套的气缸　　　（b）使用湿式气缸套的气缸

图2-14

1—曲轴箱；2—气缸套；3—冷却液室

5. 油底壳

油底壳是曲轴箱的底部，有以下作用：发动机机油的收集容器；加固发动机和变速箱；固定相关传感器；固定机油尺导管；固定放油螺塞；隔声。

结构通解 （图2-15）

油底壳是发动机机油的收集容器。可由压铸铝合金制成或采用双层钢板结构。双层钢板结构具有较好的隔声特性。使用机油挡板（导流板）可防止油底壳内的机油接触到曲轴传动机构，因车辆移动造成机油外溢时可防止曲轴浸入机油内。

现在很多油底壳采用钢制密封垫。过去使用的软木密封垫具有收缩特性，因此可能会造成螺栓连接件松脱。

Chapter 02　第二章　汽车发动机

图2-15

1—油底壳；2—导流板

6.密封垫

结构通解（图2-16）

气缸密封垫有软材料密封垫和金属密封垫两种。金属密封垫用于高负荷发动机，这种密封垫主要由多层钢板垫片制成。金属密封垫的主要特点是，密封作用基本上由弹簧钢层内的集成式凸起和填充层决定。在液体通道处通过弹性橡胶层增强密封效果。

扫一扫，更直观

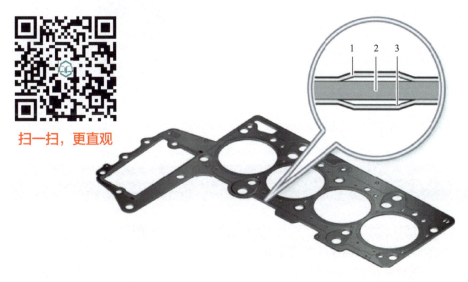

图2-16

1,3—弹簧钢层；2—中间层

原理通解

气缸密封垫必须能够使燃烧室、大气、发动机机油通道、冷却液通道中的四种介质彼此隔离,以确保发动机内部密封性。

气缸盖密封垫位于曲轴箱与气缸盖之间,要承受极大的热负荷和机械负荷。确保该密封垫正常工作对发动机运行非常重要。所需密封垫厚度由气缸活塞伸出量决定。

结构通解 (图2-17)

在金属部件之间放置绝缘密封垫可防止接触腐蚀。这种情况包括油底壳密封垫和气缸盖密封垫,这些密封垫用于将铝合金油底壳和气缸盖与镁合金曲轴箱分隔开。

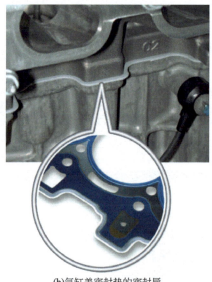

(a)带有密封垫凸出物的油底壳密封垫

(b)气缸盖密封垫的密封唇

图2-17

7. 曲轴

结构通解 (图2-18)

曲轴由一个单一部件构成,但可以分为多个不同的部分。主轴颈位于曲轴箱内的轴承内。连杆轴颈或曲柄轴颈与曲轴通过曲柄臂连接起来。

发动机的每个连杆轴颈旁都有一个曲轴轴承。在直列发动机上每个连杆轴颈上都有一个连杆,V型发动机上有两个。就是说,一个直列6缸发动机的曲轴有7个主轴颈,与一个V型12缸发动机的主轴颈数量正好相等。主轴承从前向后编号。

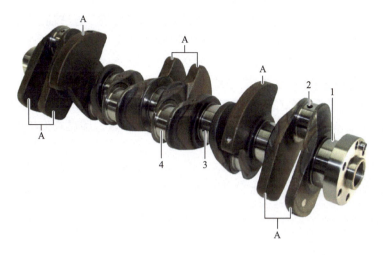

图 2-18

1—主轴颈 7；2—从连杆轴承至主轴承的机油孔；
3—从主轴承至连杆轴承的机油孔；4—气缸 4 连杆轴颈；A—平衡重

原理通解 （图2-19）

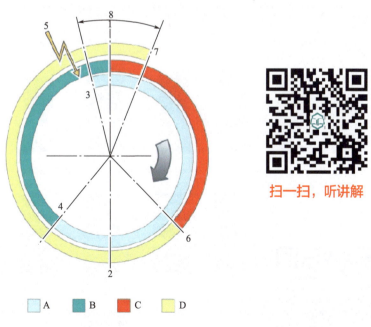

图 2-19

1—上止点（TDC）；2—下止点（BDC）；3—进气门打开；4—进气门关闭；5—点火时刻；
6—排气门打开；7—排气门关闭；8—气门重叠；A—进气；B—压缩；C—做功；D—排气

连杆轴颈与曲轴轴线之间的距离决定了发动机的气缸行程。连杆轴颈之间的夹角决定各气缸的点火间隔。

每进行一个冲程，曲轴旋转180°，活塞由一个止点移动到另一个止点。因此，四冲程发动机完成整个一个循环时曲轴旋转720°即转动两圈。

吸入新鲜汽油空气混合气和排出废气称为换气。通过进气门和排气门控制换气。气门的开启和关闭时刻也取决于曲轴转角。这些时刻又称为正时，通过它们决定发动机的换气控制。

活塞即将开始向下移动前进气门打开，活塞重新开始向上移动后进气门关闭。排气门的运行方式相似。活塞开始向上移动前排气门打开，活塞重新开始向下移动后排气门关闭。

8. 轴承（轴瓦/大瓦）

结构通解 （图2-20）

曲轴内带有油孔。这些油孔为连杆轴承提供机油。油孔从主轴颈通向连杆轴颈，并通过主轴承座与发动机机油回路连接在一起。

止推轴承防止曲轴纵向移动。一个曲轴只有一个止推轴承，因为装有多个止推轴承时会因超静定而产生扭曲。止推轴承为曲轴提供止推面并支撑在曲轴箱内的主轴承座上。

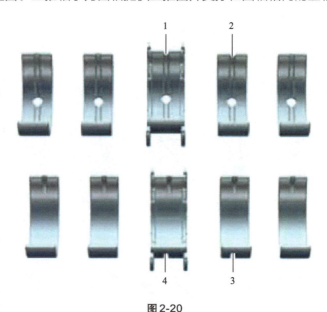

图2-20

1—主轴承座内的止推轴瓦；2—主轴承座内的轴瓦；
3—主轴承盖板内的轴瓦；4—主轴承盖板内的止推轴瓦

扫一扫，更逼真

9. 连杆

结构通解 （图2-21）

连杆小头通过活塞销与活塞连接。由于曲轴转动一圈期间连杆侧向偏移，因此连杆必须以可转动方式固定在活塞上。这可以通过一个滑动轴承来实现。为此将一个滑动轴承压入连杆小头孔内。连杆小头上的油孔为滑动轴承提供机油。

连杆大头位于曲轴侧。连杆大头必须采用分体形式，以便能够使连杆支撑在曲轴上。其功能通过滑动轴承来保证。滑动轴承由两半轴瓦构成。曲轴内的油孔为轴承提供发动机机油。

在V型发动机中，连杆大头通常采用斜切式结构。

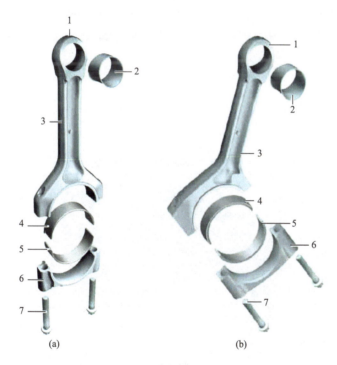

图2-21

1—油孔；2—滑动轴承；3—连杆；4,5—轴瓦；6—连杆轴承盖；7—连杆螺栓

原理通解

在曲轴传动机构中，连杆负责连接活塞和曲轴。活塞的直线运动通过连杆转化为曲轴的转动。此外，连杆还要将燃烧压力产生的作用力由活塞传至曲轴上。

作为一个加速度很大的部件，连杆的重量直接影响发动机的工作效率和运行平稳性。因此，为了获得尽可能舒适的发动机运行特性，最重要的是优化连杆重量。

燃烧室内的气体压力和移动质量的惯性力（包括其自身的）使连杆承受负荷。连杆承受一个交变式拉压负荷。

10.活塞

结构通解（图2-22）

活塞的主要部分包括活塞顶、带有火力岸的活塞环部分、活塞销座和活塞裙。活塞环、活塞销和活塞销卡环也是活塞总成的一部分。

活塞顶构成了燃烧室的下部。在汽油发动机上可以采用平顶、凸顶或凹顶活塞。

活塞环部分通常有三个用于固定活塞环的环形槽，活塞环的作用是防止漏气和漏油（密封）。

活塞环岸位于环形槽之间。位于第一个活塞环上方的环岸称为火力岸。一套活塞环通常包括两个气环和一个油环。

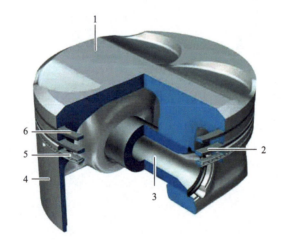

图2-22

1—活塞顶；2,6—气环；3—活塞销；4—活塞裙；5—油环

原理通解

① 活塞是汽油发动机所有传动部件的第一个环节。活塞的任务是吸收燃烧过程中产生的压力，然后通过活塞销和连杆将其传至曲轴，也就是说要将燃烧产生的热能转化为机械能。

活塞还用于上部连杆头导向。

② 活塞必须与活塞环一起，在所有负荷状态下保证燃烧室密封可靠，以防气体泄漏和润滑油渗透。接触表面上的润滑油对密封有帮助作用。往复移动部件的惯性力来自活塞自身、活塞环、活塞销和连杆部分。惯性力与转速的平方成正比。对于转速较高的发动机来说，重要的是活塞、活塞环和活塞销的重量必须很轻。

③ 连杆偏移使活塞承受垂直于气缸轴线的侧向负荷。因此，活塞向上止点和下止点运动时，就会由气缸壁一侧靠向另一侧。这种运行方式称为换侧。为了减小活塞的噪声和磨损，活塞销通常采用偏心方式布置，由此产生的一个力矩可以优化换侧时活塞的换侧运行特性。

④ 活塞顶吸收的热量大部分通过活塞环传至气缸壁，随后被冷却液吸收。一小部分在换气过程中由活塞传给温度更低的新鲜空气。剩余热量经喷油嘴喷射到活塞内壁上的润滑油或冷却油排出。

⑤ 活塞销座是活塞内活塞销的支撑部位。它是活塞内承受最大负荷的部分之一。

⑥ 活塞裙或多或少地围在活塞下部，负责承受侧向力和使活塞保持直线运行。对于使用铸铁曲轴箱的发动机来说，可根据需要通过浇铸调节元件影响热膨胀情况并由此减小装配间隙。

⑦ 活塞顶构成了燃烧室的下部，因此它对燃烧室的形状具有决定性作用。活塞顶的形状还能决定燃烧室内的混合气流动特性，尤其是压缩比。

原理通解（图2-23）

活塞裙部分是现代活塞变化最明显的部分。活塞裙负责使活塞在气缸内直线运行。只有与气缸之间的间隙足够大时，才能完成上述任务。但是这个间隙会因连杆偏移而引起活塞摆动，从而造成活塞换侧，这种情况称为活塞二次移动。这种二次移动对于活塞环的密封性和耗油量来说也非常重要，而且还会影响活塞噪声。许多参数都影响活塞保持直线运行，如活塞裙的长度、活塞裙形状和装配间隙。

活塞主要尺寸包括直径、总长度和压缩高度。压缩高度是指活塞销轴线与活塞顶上沿之间的距离。

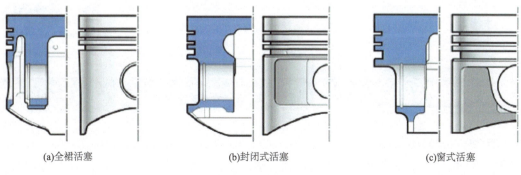

(a)全裙活塞　　(b)封闭式活塞　　(c)窗式活塞

图2-23

11.活塞环

活塞环是金属密封环,负责执行以下任务:密封燃烧室,使之与曲轴箱隔开;从活塞向气缸壁导热;调节气缸套的油膜。

为了完成上述任务,活塞环必须紧靠在气缸壁和活塞环槽的侧沿上。活塞环的径向弹簧力使活塞环靠在气缸壁上。油环通常由一个附加弹簧进一步支撑。活塞环可靠运行首先取决于活塞、活塞环和气缸壁的表面质量以及这些部件的材料组合情况。

结构通解 (图2-24)

活塞环根据具体功能分为气环和油环两种。

气环用于确保尽可能没有燃烧气体从燃烧室经过气缸壁与活塞之间的间隙进入曲轴箱内。只有这样燃烧过程中燃烧室内才能产生足够压力,以使发动机达到设计功率。在压缩行程阶段,没有气环便无法达到点火所需的压缩程度。

油环负责调节气缸壁上的油膜。它们将气缸壁上多余的润滑油刮掉并确保这些机油不会燃烧。因此,油环也决定了发动机的机油消耗量。

图2-24

扫一扫,听讲解

原理通解 (图2-25)

活塞环在其环槽内转动。这是因为换侧时侧向力作用在活塞环上。此时活塞环的转速最高可达100r/min。这种换侧作用可以清除环槽上的沉积物,此外还能防止活塞环切口磨入气缸套内。

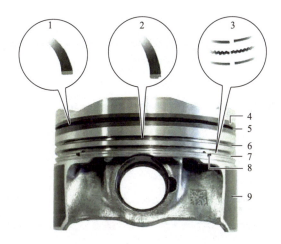

图2-25

1—矩形环；2—鼻形锥面环；3—VF系统环；4—第一活塞环钢制环岸；5—第一活塞环槽；
6—第二活塞环槽；7—油环槽；8—润滑油排出孔；9—石墨涂层

12. 飞轮

结构通解 （图2-26）

为了车辆的稳定和舒适性，很多车采用双质量飞轮。双质量飞轮将传统飞轮的质量块一分为二，一部分继续用于补偿发动机惯量，另一部分负责提高变速箱惯量，从而使共振范围明显低于正常运行转速。

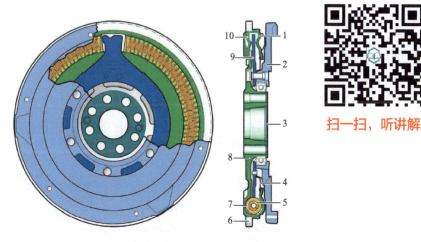

图2-26

1—盖罩；2—次级飞轮；3—盖板；4—密封隔膜；5,7—弧形减振弹簧；6—齿圈；
8—主飞轮；9—轮毂凸缘；10—挡板

原理通解 （图2-27）

两个非刚性连接的质量块通过一个弹簧/减振系统连接起来。次级质量块与变速箱之间不带扭转减振器的离合器负责与从动盘分离和接合。与发动机相连的飞轮质量块承受发动机的不平稳运动时，在发动机转速不变的情况下，与变速箱相连的质量块速度保持不变。

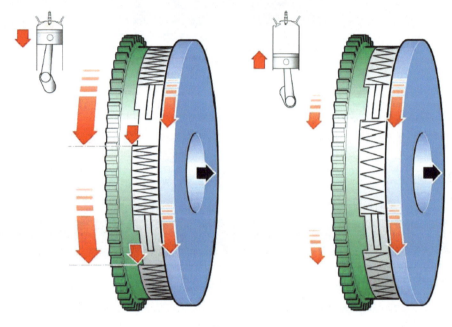

图2-27

第五节　配气机构

一、配气机构原理

配气机构的作用是根据发动机发火顺序和各缸工作循环的要求，定时开启和关闭进、排气门，使新鲜气体及时进入气缸，废气及时排出气缸。

二、配气机构组成

配气机构由气门组和气门传动组两部分组成。这两部分机构基本都在气缸盖上装配着。

结构通解 （图2-28）

气门组包括气门、气门座、气门导管、气门弹簧、弹簧座及锁片等。

图2-28

1—进气门；2—底部气门弹簧座（带有气门杆密封件）；3—上部气门弹簧座；
4—气门锁夹；5—进气凸轮轴；6—排气门；7,8—气门弹簧；
9—气门锁夹座圈；10—排气凸轮轴

结构通解 （图2-29）

气门传动组包括正时传动机构和凸轮轴等。

扫一扫，听讲解

图2-29

1. 气门机构

结构通解 （图2-30）

气门与气门导管和气门弹簧共同构成一个总成，安装在缸盖上。

进气门和排气门承受的负荷不同。两个部件运动时因自身惯性力产生的负荷相同（在发动机的使用寿命内约3亿次负荷变化）。但是排气门还要承受废气带来的高温热负荷，而进气门则会通过流经的新鲜空气冷却下来。热量还会从气门经过气门座以热传导形式扩散。

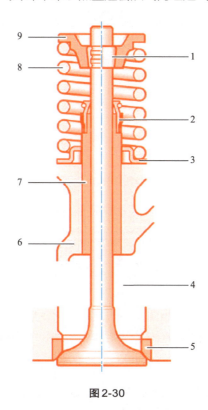

图2-30

1—气门锁夹；2—气门杆密封件；3—下部气门弹簧座；4—换气通道；5—气门座圈；
6—气缸盖；7—气门导管；8—气门弹簧；9—上部气门弹簧座

结构通解 （图2-31）

气门分为气门头、气门座和气门杆三部分。气门座与气门座圈共同构成一个功能单元。因此将一起介绍气门座圈和气门座。气门头是指气门的整个下部区域，带有气门面和内圆角。此处承受由燃烧压力产生的作用力。设计气门面高时考虑了这种情况。

气门主要分为单一金属气门、双金属气门和空心气门。无论气门是由一种还是由多种材料制成，无论采用空心还是实心形式，气门的结构都基本相同。

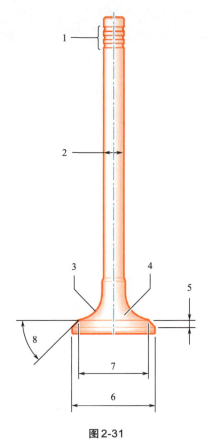

图2-31

1—凹槽；2—气门杆直径；3—内圆角；4—气门头；5—气门座高；
6—气门头直径；7—气门座直径；8—气门座角度

（1）气门杆

气门杆用于气门在气门导管内导向。气门杆从固定气门锁夹的凹槽处直至内圆角过渡处或刮油边处。为避免气门杆磨损，气门杆采用镀铬表面。

如果气门杆端部带有用于气门自由转动的凹槽，则与气门锁夹接触的区域必须进行淬火处理，以免磨损。这些凹槽与气门锁夹形成结构连接，气门弹簧可支撑在该部位处。

结构通解 （图2-32）

空心气门用于排气门侧，以便降低内圆角和气门面附近的温度，为此气门该区域采用空腔结构。

为传导热量，气门杆空腔容积约60%的部分填充有可自由移动的金属钠。钠在97.5℃

时熔化,并根据发动机转速在气门空腔内产生相应的振动作用。内圆角和气门头处产生的部分热量通过液态钠传至气门导管并进入冷却循环回路,从而显著降低气门温度。空心气门可采用单一金属或双金属气门结构。

图2-32

1—气门杆;2—空腔;3—气门头

（2）气门座

气门座承担隔开燃烧室与气道的作用。此外,热量也通过此处从气门传至气缸盖。气门处于关闭状态时,气门座表面与气缸盖气门座圈靠在一起。气门座表面的宽度没有统一标准。气门座表面较窄时可改善密封效果,但会削弱散热能力。

结构通解

通常情况下,承受较小负荷的进气门座比承受高负荷的排气门座窄。气门座宽度为1.2～2.0mm。

确保气门座位置正确非常重要,图2-33所示为气门座的几个位置。

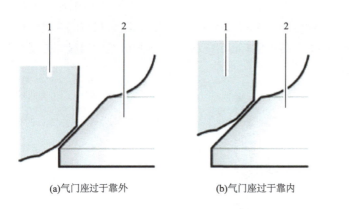

(a)气门座过于靠外　　　　(b)气门座过于靠内　　　　(c)气门座位置正确

图 2-33

1—气门座圈；2—气门座

原理通解

气门座角度是指气门座与一个垂直于气门杆的（理论）平面之间的夹角。密封效果和磨损情况也取决于气门座角度。对于进气门来说，气门座角度还会影响新鲜空气进气量，从而影响混合气形成过程。

为避免气门座磨损，需在气门座表面进行铠装处理。在此可以通过不同方法将一种铠装材料熔在气门座上。

（3）气门导管

气门导管用于确保使气门位于气门座的中心并通过气门杆将气门头处的热量传至气缸盖。为此需要在导向孔与气门杆之间留有最佳间隙量。间隙过小时，气门容易卡住。间隙过大时会影响散热效果。最好留出尽可能小的气门间隙。

气门导管以压配合方式安装在气缸盖内。气门导管不得伸入排气通道内，否则会因温度较高而导致导管变宽，燃烧残余物可能会进入气门导管内。

（4）气门锁夹

气门锁夹负责连接气门弹簧座和气门。连接方式分为夹紧式和非夹紧式。

结构通解 （图2-34）

采用非夹紧式连接时，处于安装状态下的两部分气门锁夹相互支撑。

采用夹紧式连接时，安装后两部分气门锁夹之间留有一定的间隙。气门夹紧在气门锁夹之间，以防止其旋转。夹紧式气门锁夹尤其适用于转速很高的发动机。

（5）气门弹簧

气门弹簧负责以可控方式关闭气门，就是说必须确保气门随凸轮一起运动，以使其即使在最高转速时也能及时关闭。此外，其作用力也必须足够大，以防止气门关闭（又称气门跳动）后振动。气门开启时，气门弹簧必须防止气门与凸轮脱离。

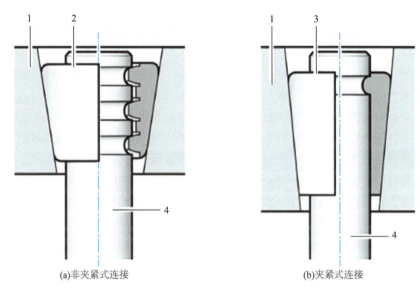

(a)非夹紧式连接　　(b)夹紧式连接

图 2-34

1—气门弹簧座；2—非夹紧式气门锁夹；3—夹紧式气门锁夹；4—气门杆

结构通解 （图2-35）

标准结构形式为对称圆柱弹簧。这种弹簧的螺距在弹簧两端是对称的且螺旋直径保持不变。在弹簧压缩过程中，簧圈部分接触可使弹簧特性曲线产生阶跃性变化（弹簧压缩程度越大，弹簧力越大）。

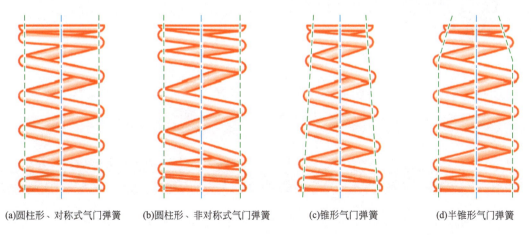

(a)圆柱形、对称式气门弹簧　　(b)圆柱形、非对称式气门弹簧　　(c)锥形气门弹簧　　(d)半锥形气门弹簧

图 2-35

2. 凸轮轴

结构通解 （图2-36）

凸轮轴的主要部分是圆柱形轴身。根据具体结构采用空心或实心轴身。轴身上带有凸轮。工作作用力由凸轮轴轴承承受。发动机的凸轮轴轴身直接在轴承内运行。这个部位采用研磨加工表面。气缸盖内轴颈处的油孔负责进行所需的润滑。有一个轴承负责轴向导向。

凸轮轴由曲轴通过一个链轮驱动。在某些发动机上使用附加链轮或齿轮在凸轮轴间传输驱动力。这些链轮或齿轮可与凸轮轴牢固连接在一起或通过法兰安装在凸轮轴上。

有些发动机凸轮轴上浇铸有平衡重块，以确保运行更平稳。除少数特殊情况外，凸轮轴由冷硬铸造方式制成。轴身可采用中空铸造工艺，以减轻重量。

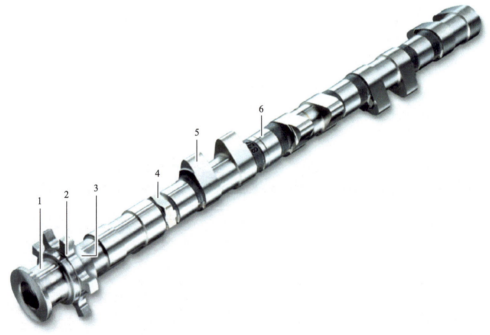

图2-36

1—轴颈和用于轴向导向的止推面；2—凸轮轴传感器的参考基准；3—用于安装专用工具的双平面；4—扳手宽度面；5—凸轮；6—轴颈

原理通解

凸轮轴控制换气过程和燃烧过程。其主要任务是开启和关闭进气门和排气门。凸轮轴由曲轴驱动。其转速与曲轴转速之比为1：2，即凸轮轴转速只有曲轴转速的一半。这可以通过链轮传动比实现。凸轮轴相对于曲轴的位置也有明确规定。现在很多发动机已不再采用固定传动比方式，而是可以进行可变调节，如宝马发动机VANOS系统。

3.摇臂、压杆和挺杆

摇臂、压杆、挺杆负责将凸轮运动传给气门，因此这些元件也称为传动元件。传动元件沿凸轮轮廓移动，直接或间接传递运动。这些元件的特点是采用刚性传动和重量较轻，这样可确保气门按规定的行程曲线运动，能准确控制最佳气缸进气。

结构通解

压杆也是采用间接传动方式的气门机构元件。但是它不支撑在轴上，而是一端直接支撑在气缸盖上或一个HVA（液压式气门间隙补偿器）元件上，另一侧靠在气门上。凸轮轴的凸轮从上面压向压杆中部。压杆的惯性矩和刚度在很大程度上取决于压杆的结构形式。图2-37所示为滚子式气门压杆。

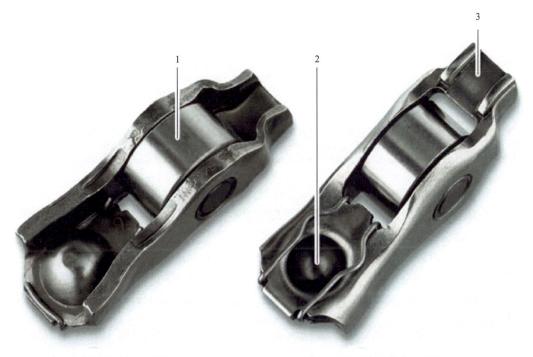

(a)滚子式气门压杆上侧　　　　　(b)滚子式气门压杆下侧

图2-37

1—用于随凸轮移动的滚针轴承滚子；2—用于支撑HVA元件的半球；
3—压在气门上的操作面

结构通解

挺杆是进气门和排气门的直接传动装置，因为它不改变凸轮的运动或传动比。这种直接传动装置始终具有很高的刚度，移动质量相对较小且所需安装空间较小。挺杆用于传递直线运动，其导向部件位于气缸盖内。图2-38所示为宝马某型号发动机的室式挺杆

图 2-38

1—球形接触面；2—室式挺杆；3—导向凸台

原理通解

桶状挺杆采用桶状结构，以倒置方式靠在气门杆端部。

为确保凸轮接触面均匀磨损，桶状挺杆应能旋转，为此可使凸轮相对于桶状挺杆稍稍偏移（朝凸轮轴轴线方向）。

桶状挺杆的接触面略呈球形，这样可使凸轮与挺杆之间的接触点在整个运动过程中更接近桶状挺杆表面的中心，因为此时杠杆作用较小，所以可减小桶状挺杆的倾斜趋势，从而可将气门接触面的磨损程度降至最低。但是，球面弧度也会影响气门行程曲线以及凸轮与桶状挺杆之间的摩擦力。

结构通解 （图2-39）

液压式气门间隙补偿器（HVA）执行下列任务：在所有运行条件下确保气门间隙始终为零，即使发动机长时间运行后也无需进行气门间隙调节。

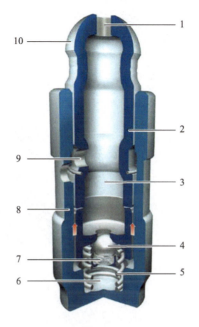

图2-39

1—通风孔；2—活塞；3—储油室；4—阀球；5—活塞弹簧；6—压力室；
7—阀球弹簧；8—压力缸；9—供油孔；10—球头

原理通解

气门间隙影响发动机正时时间，从而影响发动机功率、行驶性能、耗油量和废气排放量。
气门间隙过大会缩短正时时间，即气门延迟开启、提前关闭。
气门间隙过小会延长正时时间，即气门提前开启、延迟关闭。

4. 凸轮轴传动装置（链条传动机构）

结构通解 （图2-40）

各种链条传动机构主要区别通常仅在于链条的结构形式和布置方式。无论采用何种结构形式，链条传动机构都包括一个曲轴链轮、链条导轨、带有张紧导轨的链条张紧器、一个供油装置、至少一个凸轮轴上一个链轮以及正时链自身。在某些情况下还需要改变正时链的方向，以便留出其他部件的安装空间或安装仅使用一条正时链的V型发动机。这项任务可通过一个附加链轮或最好通过一个导轨实现。

通常情况下链条的非导向长度要尽可能短。链条未承受负荷的一侧称为松弛侧。必须在松弛侧张紧链条。链条张紧器通过张紧导轨张紧链条。

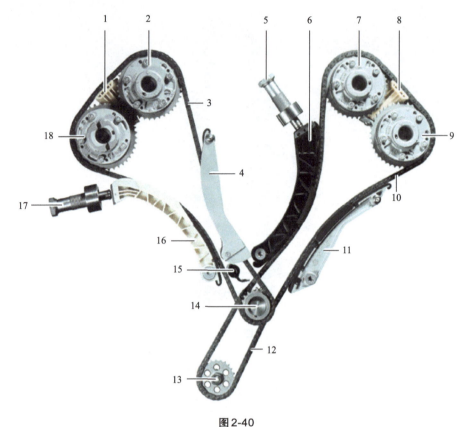

图2-40

1—气缸列1的上部导轨；2—气缸列1进气凸轮轴的VANOS单元（可变凸轮轴正时控制单元）；3—气缸列1的正时链；4—气缸列1的导轨；5—气缸列2的链条张紧器；6,11—气缸列2的导轨；7—气缸列2进气凸轮轴的VANOS单元；8—气缸列2的上部导轨；9—气缸列2排气凸轮轴的VANOS单元；10—气缸列2的正时链；12—机油泵传动链条；13—机油泵链轮；14—曲轴链轮；15—喷油嘴；16—气缸列1的张紧导轨；17—气缸列1的链条张紧器；18—气缸列1排气凸轮轴的VANOS单元

原理通解

喷油嘴将发动机机油喷到链条上或由导轨上的油孔为链条供油。在许多发动机上机油泵由曲轴通过链条驱动。

结构通解

图2-41所示为汽油发动机的几种正时机构。

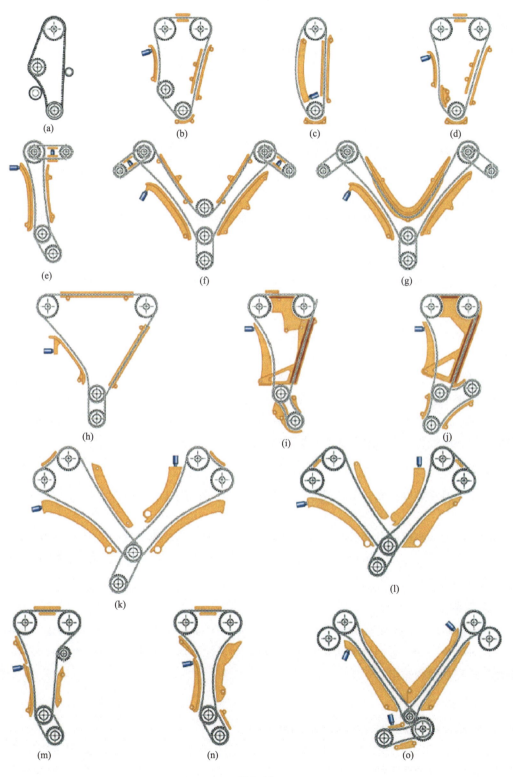

图2-41

第六节　润滑系统

一、润滑系统作用

1. 润滑

润滑油不断地供给各零件的摩擦表面，形成润滑油膜，减小零件的摩擦、磨损和功率消耗。

简单来说，润滑就是使相互摩擦的表面分离。通过机油泵向润滑部位输送机油。机油的任务是降低相对移动表面之间的摩擦并减少或完全避免产生磨损和能量损耗。

2. 清洁

润滑系统通过润滑油的流动，将摩擦副中的杂质冲洗下来，带回到油底壳。

冷态发动机启动时会产生一定磨损，因为轴承、活塞、活塞环和气缸以及挺杆和摇臂的相对移动面尚未通过发动机机油完全分离。此时首先产生的不是液体摩擦，而是混合摩擦。所产生的磨损颗粒必须立即通过机油从润滑间隙处冲刷出去，以免这些微小的金属颗粒产生磨蚀作用。这些磨蚀颗粒不得与燃烧产生的炭烟颗粒一起沉积在机油回路内。因此机油必须能够使这些磨蚀颗粒保持悬浮状态并将其输送至机油滤清器内。

3. 冷却

润滑油流经零件表面，吸收其热量并将部分热量带回到油底壳散入大气中，起到冷却的作用。

摩擦产生的热量由发动机机油吸收并通过油底壳扩散到外界空气中。燃烧产生的部分热量也以同样方式通过发动机机油排出。现代高功率发动机还通过一个发动机机油冷却器来防止发动机机油过热。

4. 密封

润滑油可以补偿零件表面配合的微观不均匀性。例如，可以减小气缸的漏气量，增大压力，起到密封作用。发动机机油在活塞环与气缸壁之间形成一层油膜，因此在燃烧室与曲轴箱之间起到密封的作用。

5. 防蚀

润滑油在零件表面形成油膜，防止零件生锈。

空气湿度和温度不断变化会造成腐蚀（通过氧气和湿气产生腐蚀），如黑色金属锈蚀。此外，燃烧过程中还会产生具有腐蚀作用的物质，如亚硫酸。发动机机油通过形成覆盖层来防止这些物质的损坏作用。发动机机油的中和能力可进一步提高这种防腐作用。机油可中和掉酸性成分。

6.传力

发动机机油还具有传递作用力的功能。例如，液压气门间隙补偿器内充有发动机机油，通过发动机机油将作用力从凸轮轴传递到气门处。

二、润滑系统结构和原理

结构通解

机油回路是包括所有润滑部位和用电器的整个系统。图2-42展示了六缸直列发动机的机油回路。

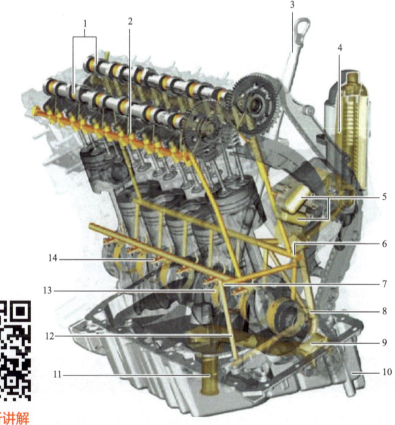

扫一扫，听讲解

图2-42

1—凸轮轴轴承；2—液压气门间隙补偿装置；3—机油尺；4—机油滤清器；5—链条张紧器；
6—主机油通道；7—涡轮增压器供油装置；8—未过滤机油通道；9—机油泵；10—油底壳；
11—带有机油滤网的抽吸管；12—机油喷嘴通道；13—曲轴轴承；14—机油喷嘴

结构通解

大众1.4T发动机机油回路，如图2-43所示。

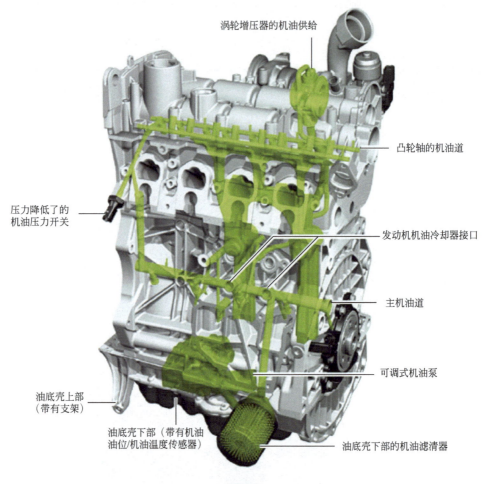

图2-43

原理通解

发动机润滑系统是全流式过滤、强制供油系统。机油在机油泵的作用下通过抽吸管从油底壳内的储油罐抽出并输送至机油回路内。机油首先通过机油滤清器，随后经发动机缸体内的机油通道输送至润滑部位。分支通道通向曲轴主轴承。机油从润滑部位滴落后回流至油底壳内。

结构通解

润滑系统回路框图如图2-44所示，包括润滑系统各部件。

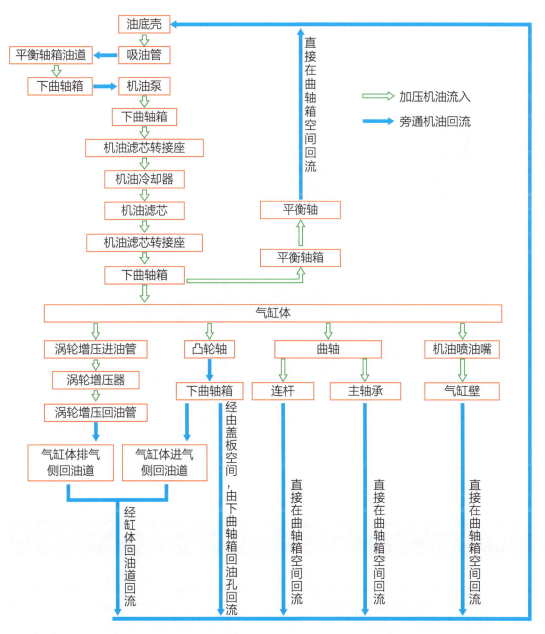

图2-44

1.机油泵

结构通解 （图2-45）

机油泵的任务是在机油回路内输送发动机机油。输送量较高时,机油泵必须确保机油压力充足。

机油泵通常由曲轴通过链条或齿轮进行驱动。在这种机油泵中两个外啮合齿轮相互啮合在一起,其中一个是驱动齿轮。未啮合轮齿的齿顶沿机油泵壳体滑动,并将机油从抽吸室输送至压力室。

扫一扫,更直观

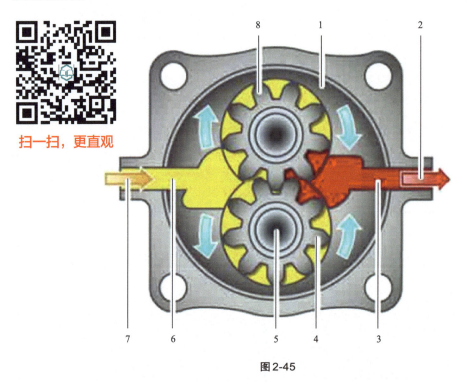

图2-45

1—机油泵壳体;2—压力油;3—压力室;4,8—齿轮;5—驱动轴;6—抽吸室;7—抽吸油

原理通解

机油泵的输送功率由发动机转速决定。为了能够在发动机转速较低时产生足够的发动机机油压力,必须确保相应较大的机油泵设计尺寸,其缺点在于高转速时会输送过多机油。虽然这种情况并不危险(因为多余压力可以排出),但是机油泵消耗的发动机功率超出所需范围。因此现代发动机的机油泵输送功率可以改变。

结构通解

大众1.4T发动机机油供给系统两级调节机油泵如图2-46所示。

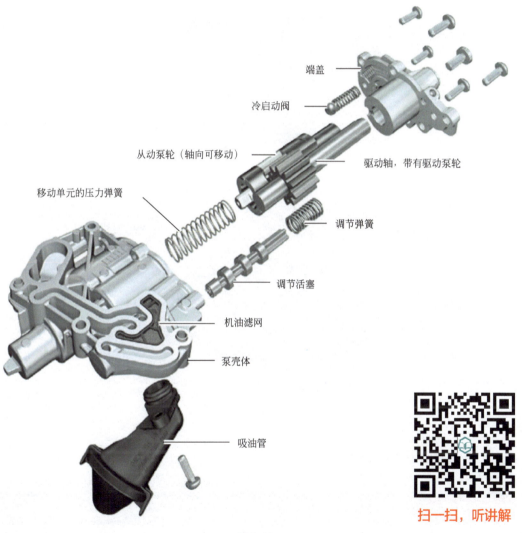

图2-46

2. 油底壳

> 结构通解

大众1.4T发动机机油供给系统油底壳如图2-47所示。

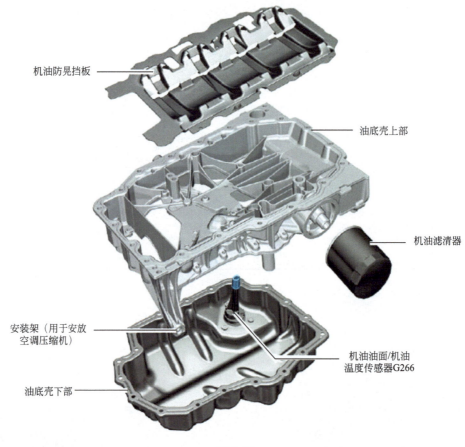

图2-47

3. 机油滤清器（机油滤芯）

> 结构通解

机油滤清器就是通常讲的机油滤芯，图2-48所示为带有滤清器旁通阀的机油滤清器。机油滤清器位于机油泵与发动机润滑部位之间的主机油流道内。也就是说，机油泵输送的全部机油在到达润滑部位前都要通过该滤清器，使润滑部位获得清洁的机油。

Chapter 02 第二章 汽车发动机

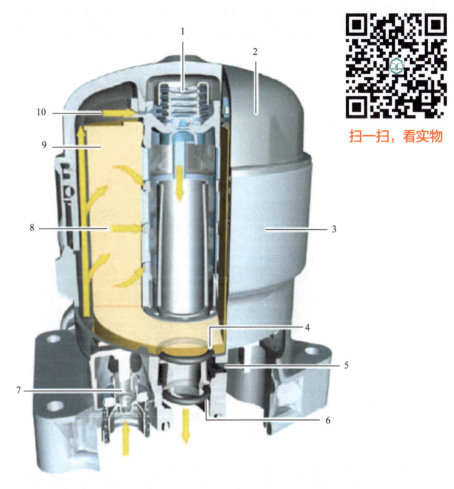

图2-48

1—滤清器旁通阀；2—机油滤清器端盖；3—机油滤清器壳体；4,6—O形环；5—用于更换滤清器的放油口；7—回流关断阀；8—机油流；9—机油滤清器；10—通过滤清器旁通阀的机油流

原理通解

机油滤清器用于清洁机油，防止污物颗粒进入机油回路并因此进入轴承部分，还可以避免发动机机油因固体杂质（如金属磨损颗粒、炭烟或灰尘颗粒）提前变质。

为了在主流道机油滤清器已污染的情况下仍能确保为润滑部位供油，与滤清器并联安装了一个滤清器旁通阀（短路阀）。因滤清器堵塞而导致机油压力增大时就会开启该阀门，从而确保（未经过过滤的）润滑油到达润滑部位。

结构通解 （图2-49）

回流关断阀用于防止机油滤清器或机油通道排空机油。在此使用的是单向阀。这些阀门只允许机油朝一个方向流动,防止机油朝相反方向流动。

图2-49

原理通解

如果没有回流关断阀,在发动机静止期间机油滤清器和机油通道就会排空机油。尤其在发动机长时间静止后,只有发动机启动一段时间后,才能为润滑部位提供发动机机油。

4.机油喷嘴

机油喷嘴用于将机油输送到移动部件的指定部位(通过机油通道无法到达这些部位),以便进行润滑和冷却。

结构通解 （图2-50）

机油喷嘴为活塞顶部提供冷却油。机油可准确喷入冷却通道内并在此聚集。

活塞运动可确保机油循环运行。此时机油在通道内振动并由此改善冷却效果。通过其他开孔可使机油重新流出。

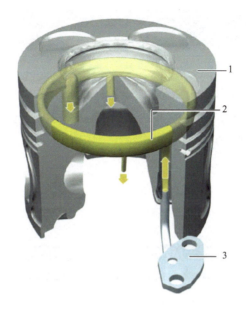

图 2-50

1—活塞；2—冷却通道；3—机油喷嘴

5. 机油冷却器

结构通解

变速箱油/冷却液热交换器如图 2-51 所示。

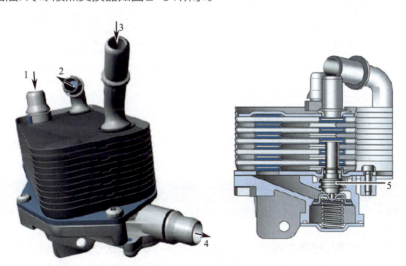

图 2-51

1—冷却液入口；2—变速箱油出口；3—变速箱油入口；4—冷却液出口；5—节温器

原理通解

在功率较大且热负荷较高的发动机上，行驶过程中润滑油有过热的危险，在这种情况下，机油过稀、润滑能力下降且机油消耗量增加，燃烧室内会出现沉积物并产生燃烧问题，油膜可能会破裂，轴承和活塞可能会损坏。使用机油冷却器可避免上述这些问题。发动机处于冷态时不需要该冷却器，因此只有机油温度达到约90℃时才会接通该冷却器。冷却作用通过空气或冷却液来实现。

6.机油压力开关

结构通解 （图2-52）

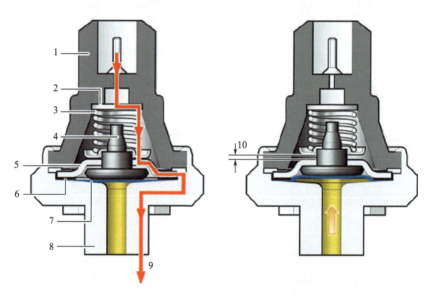

图2-52

1—由塑料制成的壳体上部件；2—触点顶端；3—弹簧；4—压板；5—隔板；6—密封环；7—隔膜；8—由金属制成的壳体；9—触点闭合时的电流；10—触点打开时的间隙

原理通解

机油压力开关用于监控润滑系统。发动机处于静止状态且点火开关打开时，机油压力指示灯通过机油压力开关接地，指示灯亮起。启动发动机后，机油压力使接地触点克服弹簧力打开，指示灯熄灭。机油压力降至某一限值以下时，弹簧力就会关闭触点且机油压力指示灯再次亮起。

第七节　冷却系统

一、冷却系统作用

启动冷态发动机时，只有发动机部件达到特定温度时才能以最佳比例形成混合气，而且此时发动机内的摩擦也较小，该温度称为运行温度。冷却系统的作用是使发动机尽快达到运行温度。

二、冷却系统组成

结构通解（图2-53）

发动机冷却系统一般包括水泵、散热器、冷却风扇、节温器、水管、补液罐，还有发动机机体上的水道（水槽）、气缸盖上的水套及其他附加装置等。

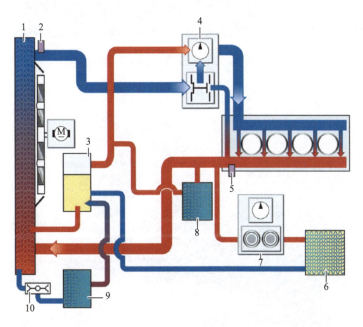

图2-53

1—散热器；2,5—冷却液温度传感器；3—补液罐；4—节温器；6—暖风装置热交换器；7—暖风调节阀；
8—冷却液/机油热交换器；9—变速箱油/冷却液热交换器；10—调节单元

结构通解

大众1.4T发动机冷却系统布局如图2-54所示。

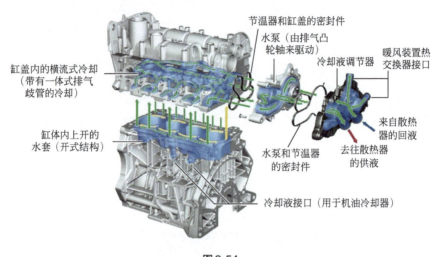

图2-54

1. 节温器

结构通解

大众1.4T发动机冷却系统节温器（冷却液调节器）如图2-55所示。

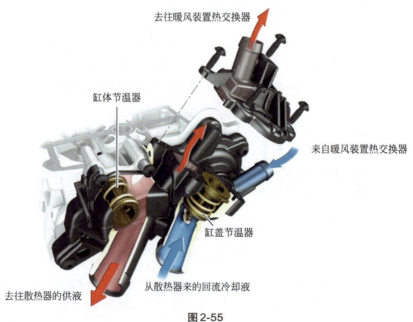

图2-55

Chapter 02　第二章　汽车发动机

原理通解

节温器安装在冷却液循环的通路中,根据发动机负荷大小及冷却液温度高低来改变冷却液的流动路线及流量,自动调节冷却系统的冷却强度,使冷却液温度保持在最适宜的范围内。

结构通解

电子节温器如图2-56所示。

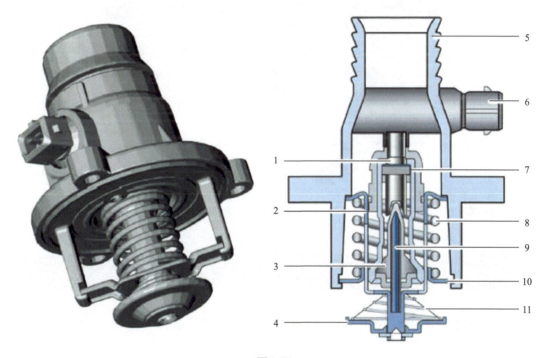

图 2-56

1—加热电阻；2—主阀；3—橡胶嵌入件；4—旁通阀；5—壳体；6—插头；
7—工作元件壳体；8—主弹簧；9—工作活塞；10—横杆；11—旁通弹簧

原理通解

发动机满负荷运行时,较高的运行温度会带来不利影响(如因爆震趋势造成点火延迟)。因此,满负荷运行时将通过电子节温器有效降低冷却液温度。

2. 水泵

结构通解

大众1.4T发动机冷却系统水泵如图2-57所示。

图2-57

结构通解

大众发动机冷却系统机械水泵如图2-58所示。

图2-58

原理通解

　　水泵对冷却液加压，强制冷却液在冷却系统中循环流动。常见的水泵安装在发动机前端，通过带传动机构进行驱动，使来自各个冷却回路部件的冷却液循环。

结构通解

　　图2-59所示为宝马电动冷却液泵，这是一种电力驱动的离心泵。

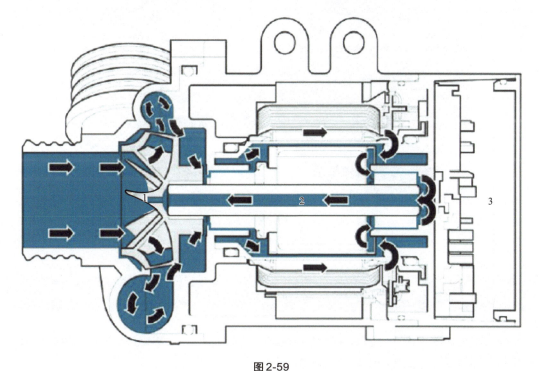

图2-59

1—泵；2—发动机；3—电子模块（EWPU）

原理通解

　　电子泵湿式转子电动机的输出功率由安装在电动机线路接头盖下的电子模块进行电子控制。这种电子模块（EWPU）通过数位串行数据接口与发动机控制单元连接。发动机控制单元根据发动机载荷、工作模式和温度传感器给出的数据来确定所需的冷却能力，并为EWPU控制单元发出相应的指令。系统内的冷却液流过冷却液泵的电动机，因此对电动机和电子模块都进行了冷却。冷却液同时对电动冷却液泵的轴承提供润滑。

3. 补液罐盖

结构通解

补液罐盖如图2-60所示，在盖顶部和底部都注有表示相应开启压力的数字"140"，表示开启压力为140kPa表压力。在当前车型的补液罐盖上最高注有200kPa表压力。

图2-60

原理通解

补液罐盖用于确保产生压力并使冷却循环回路内的压力不受环境压力影响。这样可以避免空气压力较低时（如在山里）冷却液沸点较低。

4. 冷却液散热器

结构通解 （图2-61）

冷却液散热器的设计要求确保可以在所有运行和环境条件下将发动机产生的余热有效释放到环境空气中，为此必须根据车辆和配置调整冷却液散热器尺寸。

冷却液以水平方式多次从冷却液散热器的一端流向另一端。

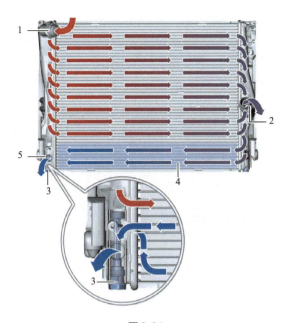
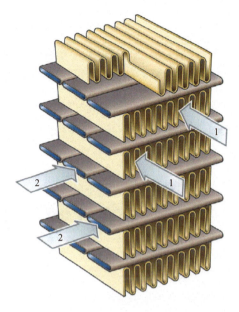

图2-61

1—冷却液进口；2—冷却液出口；3—调节套管；
4—低温区域；5—连接变速箱油/冷却液热交换器

图2-62

1—冷却液；2—空气

原理通解 （图2-62）

冷却液的热能必须传输给散热器壳体，即热传导。金属将热量从散热器内侧传至外侧，在外侧将热能释放到环境空气中，该过程也是热传导过程。从冷却液传至金属的热量明显高于从金属传至环境空气的热量。为此通过散热片增大了金属向环境空气传导热量的面积，因为传导面越大通过热传导传递的越多。

5.冷却液

冷却液通常由低钙质水、防冻剂和防腐添加剂混合而成。

许多发动机都使用含硅酸盐的冷却液。这种冷却液的颜色为蓝色/绿色。含硅酸盐的冷却液在部件表面形成一层硅酸盐成分保护层，从而对部件提供保护。

只有使用新冷却液时才能形成这种保护层结构。更换冷却液泵、散热器、气缸盖密封垫等部件时通常也需更新冷却液，以确保形成新的保护层。

有些发动机使用以氨基酸为基础的冷却液。这种冷却液的颜色为粉红色。使用以氨基酸为基础的冷却液时，部件表面受腐蚀形成氧化层，从而起到保护层的作用。

特别提示

如果将含有硅酸盐的冷却液和含有氨基酸的冷却液混合,混合液就会失去防腐特性并变为棕色。

第八节 进气和排气系统

一、进气和排气系统作用

进气和排气系统通常被视为关联系统。一方面,气体先后以新鲜空气和废气形式经过整个系统;另一方面,某些发动机的系统存在内在联系(如废气涡轮增压器)。进气系统负责为发动机提供新鲜空气,排气系统则负责运走燃烧废气。

结构通解

如图2-63所示,宝马N63发动机进、排气系统的显著特征是进、排气侧位置互换。因此,排气歧管、废气涡轮增压器和催化转换器位于发动机的V形区域内。这使带有涡轮增压系统的N63发动机结构仍然非常紧凑。另一个创新之处是通过发动机上的增压空气冷却器进行间接增压空气冷却。

二、进气系统结构

进气系统负责提供经过清洁的所需进气量。该系统用于确保尽可能低的流动阻力,以使发动机能够"自由呼吸"并产生最大功率。

结构通解

图2-64所示为大众/奥迪EA211 1.4T横置发动机空气进气系统。

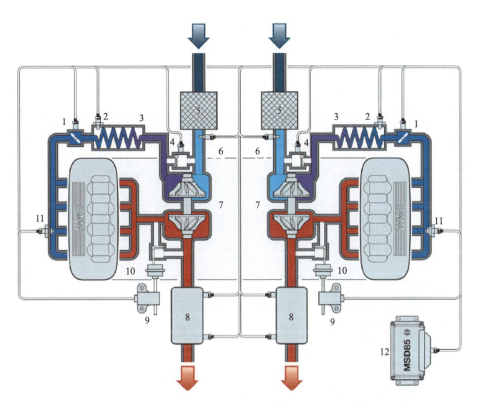

图2-63

1—节气门；2—增压空气温度和压力传感器；3—增压空气冷却器；4—循环空气减压阀；5—进气消声器；
6—热膜式空气质量流量计；7—废气涡轮增压器；8—催化转换器；9—电子气动压力转换器；
10—废气旁通阀；11—进气管压力传感器；12—数字式发动机电子系统

图2-64

结构通解

图2-65所示为大众/奥迪EA211 1.4T纵置发动机空气进气系统。

图2-65

结构通解

图2-66所示为大众/奥迪EA211 1.4T纵置发动机进气歧管。

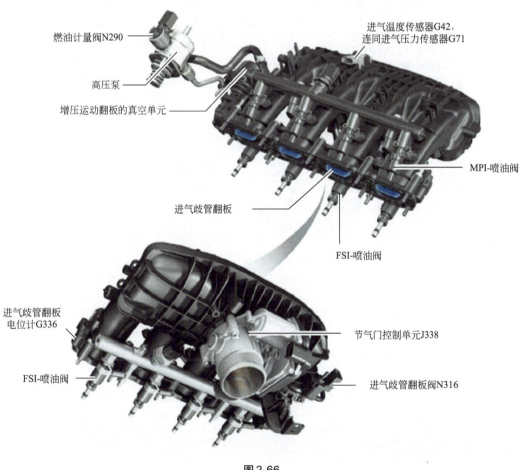

图2-66

结构通解

图2-67所示为宝马N63发动机的进气系统。

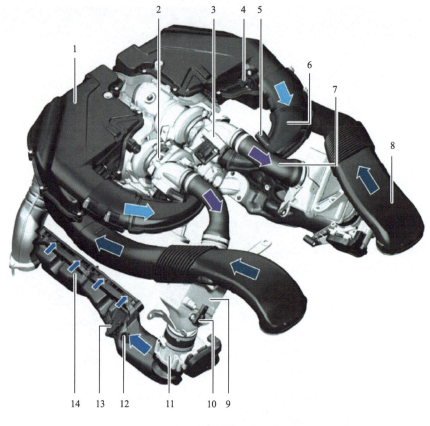

图2-67

1—进气消声器；2—废气涡轮增压器；3—循环空气减压阀；4—热膜式空气质量流量计；
5—用于增压运行模式的曲轴箱通风接头；6—洁净空气管；7—增压空气管；
8—未过滤空气管；9—增压空气冷却器；10—增压空气温度和压力传感器；
11—节气门；12—用于自吸式发动机运行模式的曲轴箱通风接头；
13—进气管压力传感器；14—进气装置

三、排气系统结构

排气系统通过废气再处理还可清除废气中的污染物成分。废气再处理方式取决于发动机类型。此外还能通过消声器将燃烧噪声有效降为可接受的发动机噪声。

排气系统也用于确保尽可能低的流动阻力，以使发动机产生最佳功率。排气尾管内的排气风门负责在发动机处于冷态或怠速运行模式时减小风噪。

结构通解

图2-68所示为宝马N63发动机的排气系统。

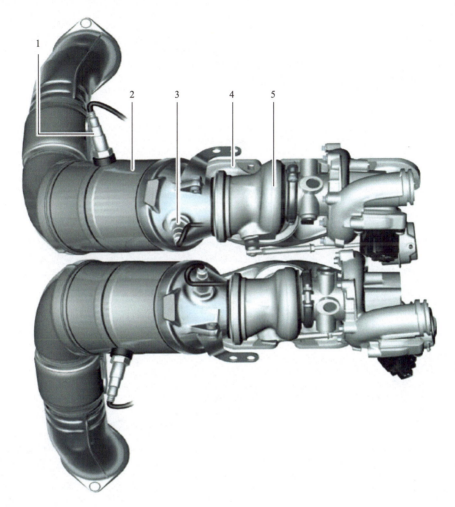

图2-68

1—氧传感器（催化转换器后的监控传感器）；2—催化转换器；
3—氧传感器（催化转换器前的监控传感器）；
4—排气歧管；5—废气涡轮增压器

结构通解（图2-69）

双排气系统：废气涡轮增压器与发动机侧的催化转换器相连，排气装置为一体双管式，装有两个前消声器、一个中间消声器和两个后消声器。

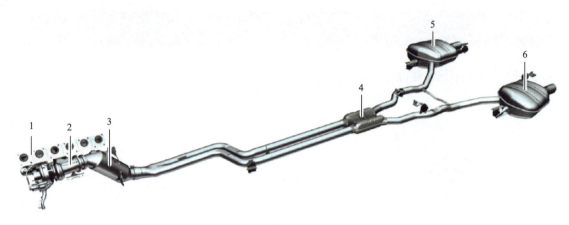

图 2-69

1—排气歧管；2—废气涡轮增压器；3—催化转换器；
4—中间消声器；5—右后消声器；6—左后消声器

结构通解 （图 2-70）

消声器排气装置采用不锈钢材料制成，直至与排气歧管的连接处。

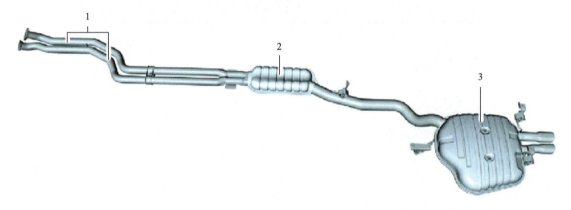

图 2-70

1—前管；2—中部消声器；3—后消声器

结构通解 （图 2-71）

废气涡轮增压器能够以最佳方式流入气流。排气歧管和废气涡轮增压器彼此连接在一起。

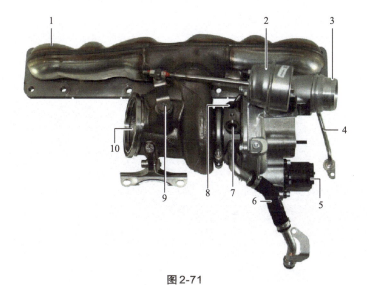

图 2-71

1—排气歧管；2—真空罐；3—至增压空气冷却器的接口；4—机油供给管路；5—循环空气减压阀；6—机油回流管路；7—冷却液供给管路；8—冷却液回流管路；9—废气旁通阀轴；10—至排气装置的接口

结构通解 （图2-72和图2-73）

涡轮增压器使发动机能将更多的燃料和空气注入气缸，从而使发动机能够燃烧更多的燃料和空气。

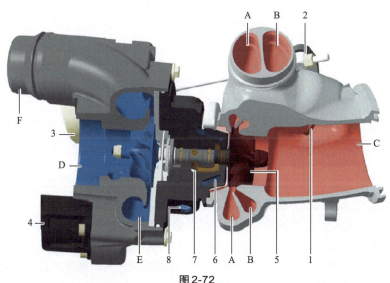

图 2-72

1—废气旁通阀；2—废气旁通阀杠杆臂；3—废气旁通阀真空罐；4—循环空气减压阀；5—涡轮；6—冷却通道；7—机油回流管路；8—冷却液回流管路；A—废气通道1(气缸1～3)；B—废气通道2(气缸4～6)；C—至催化转换器的接口；D—自进气消声器的入口；E—环形通道；F—至增压空气冷却器的出口

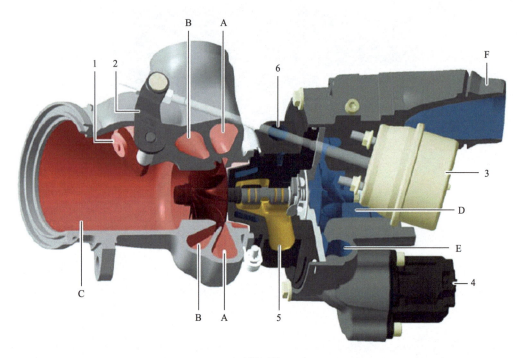

图2-73

1—废气旁通阀；2—废气旁通阀杠杆臂；3—废气旁通阀真空罐；4—循环空气减压阀；
5—机油回流管路；6—冷却液回流管路；
A—废气通道1（气缸1～3）；B—废气通道2（气缸4～6）；
C—至催化转换器的接口；D—自进气消声器的入口；
E—环形通道；F—至增压空气冷却器的出口

原理通解

在极个别情况下废气涡轮受恒定废气压力控制。转速较低时废气以脉冲方式进入废气涡轮。脉动造成废气涡轮的压力比值短时较高。因为随着压力的增长，效率也逐渐提高，所以脉动使增压压力走向和发动机转矩也得以改善。这种情况在发动机转速较低时尤其明显。

为了在换气过程中不影响各个气缸，将气缸1～3（气缸列1）和气缸4～6（气缸列2）分别汇集到一个排气管。分开的废气气流在废气涡轮增压器内以螺旋形式通过两个废气通道引向废气涡轮，通过这种结构可以高效利用由脉动产生的增压压力。

废气旁通阀则用于限制增压压力。

第九节　燃油供给系统

结构通解　（图2-74）

燃油供给系统的功能是在各种工况下，为发动机提供合适的燃油量，通过燃油喷射器将燃油喷射到发动机中。

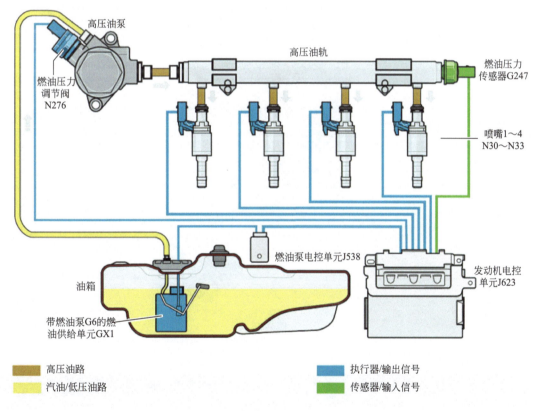

图2-74

一、燃油泵

结构通解

没带一体式燃油滤清器的燃油泵总成如图2-75所示。电动燃油泵安装在燃油箱内，它将燃油泵入燃油分配管总。燃油泵提供的燃油压力超过燃油喷射器所需要的压力。

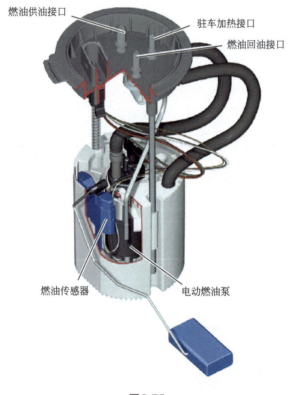

图2-75

原理通解

燃油泵内置在油箱中，燃油在燃油泵的压力作用下排出。燃油泵配备有脉动衰减器，以防排出过程中的燃油波动。燃油泵排出的燃油通过燃油管路、燃油滤清器和燃油通道进入各个喷油嘴。燃油通道中的燃油压力调节器用于将燃油压力调节到恒定数值。

结构通解

带一体式燃油滤清器的燃油泵总成如图2-76所示。

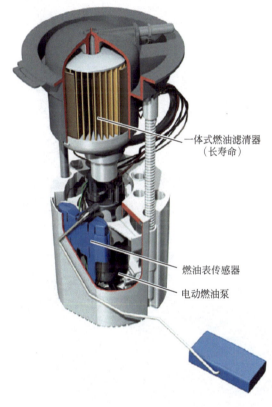

图 2-76

二、燃油箱

结构通解 （图2-77）

单腔式燃油箱的燃油表只用一个传感器。

为了抑制燃油的晃动，油箱内都装有防晃隔板（如奥迪Q5）。

防晃隔板是在生产过程中就安装好了的，它们是焊接在油箱的上半部和下半部上的。这些防晃隔板除了用于抑制燃油的晃动外，还用于增强油箱的强度。

图 2-77

结构通解 （图 2-78）

  汽油产生的燃油蒸气通过两个阀被引入活性炭滤清器内。有一个迷宫式结构用于阻止液态燃油进入活性炭滤清器。这个膨胀腔内的燃油被真空抽入到燃油箱内，而真空是由燃油冷却而产生的。

  翻车防漏阀具有浮球式压力保持功能，该阀可在翻车时封住油箱，防止燃油漏出。两个阀向油箱上部的膨胀腔内排气。

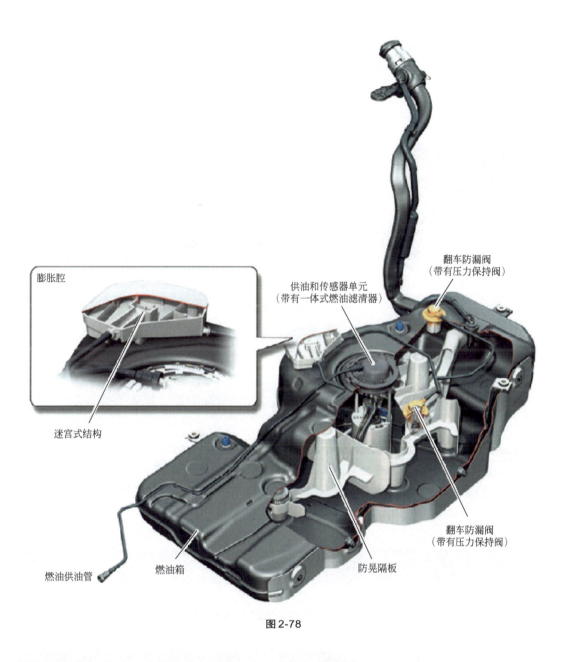

图 2-78

三、喷油器

结构通解 （图2-79）

在当前发动机上，每个气缸都有一个独立喷油器，也称为喷射阀。这些喷射阀安装在进气装置内或气缸盖内。

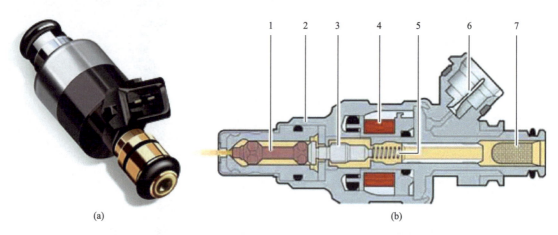

图2-79

1—喷嘴针；2—壳体；3—磁铁电枢；4—磁铁绕组；5—闭锁弹簧；6—电气接口；7—燃油供给管路

原理通解

喷油嘴的喷油量由发动机控制单元ECU决定。ECU会控制喷油嘴的针阀，决定针阀开启的时间长短（喷射脉冲时间）。喷油量是ECU内存中的一个设定值。这个设定值会根据发动机的状况预先设定。这些状况会根据发动机转速和进气量来决定各种燃油喷射增加/减少的补偿。

结构通解 （图2-80）

缸内直喷是直接将燃油喷射在缸内，在气缸内直接与空气混合。

原理通解

缸内直喷是直接将燃油喷射在缸内，在气缸内直接与空气混合。发动机控制单元可以根据吸入的空气量精确地控制燃油及喷射量和喷射时间，高压的燃油喷射系统可以使油气的雾化和混合效率更加优异，使符合理论空燃比的混合气体燃烧更加充分，从而降低油耗，提高发动机的动力性能。

图 2-80

第十节　发动机电控系统

一、发动机电子控制系统组成

结构通解（图 2-81）

发动机电子控制系统也称发动机管理系统。发动机电子控制系统由控制单元（ECU）或称为发动机控制模块（ECM）、传感器、执行器三部分组成。

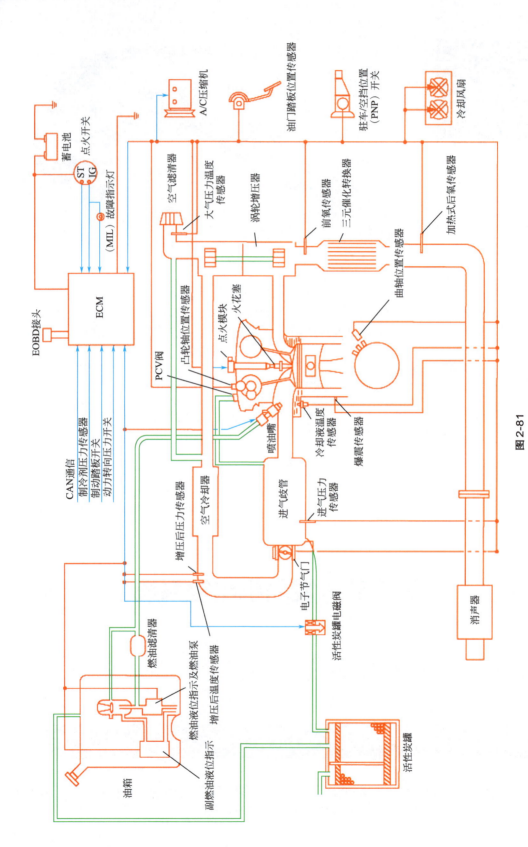

图 2-81

Chapter 02 第二章 汽车发动机

结构通解

大众1.4T发动机电控系统如图2-82所示。

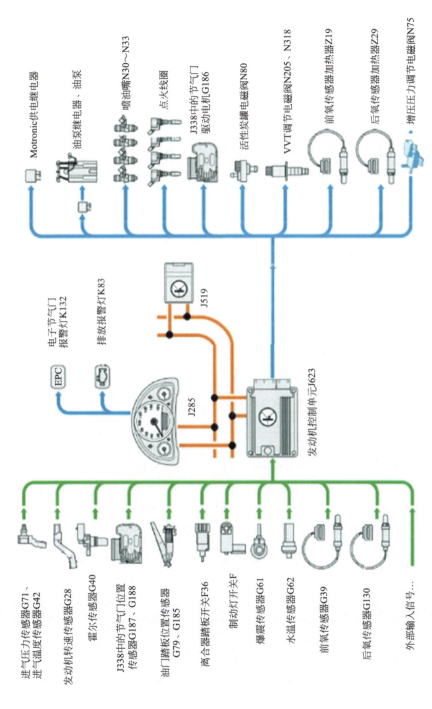

图2-82

二、控制信号和组成

输入/输出信号见表2-2。

表2-2 输入/输出信号

传感器——输入信号	发动机控制单元（动力模块）功能	输出信号——执行器
凸轮轴位置传感器 曲轴位置传感器 电子节气门 大气压力/温度传感器 油门踏板位置传感器 喷油嘴 点火模块 氧传感器 驻车/空挡位置开关 爆震传感器 发动机冷却液温度传感器 动力转向压力传感器 增压后进气压力传感器 增压后进气温度传感器 点火开关 蓄电池 制冷剂压力传感器 制动踏板开关 ASCD开关 制动灯开关	燃油喷射与混合比控制 电子点火系统控制 燃油泵控制 车速控制 车载诊断系统 加热型氧传感器控制 活性炭罐净化流量控制 空调切断控制 冷却风扇控制	喷油嘴 点火模块 燃油泵继电器 节气门控制执行器 故障指示灯（MIL） 加热型氧传感器加热器 活性炭罐电磁阀 空调继电器 冷却风扇继电器
变速箱控制模块	变速箱控制模块信号会由CAN通信线传到ECM	
空调开关	空调开关信号会由CAN通信线传到ECM	
车速传感器	车速传感器信号会由CAN通信线传到ECM	
电气负荷信号	电气负荷信号会由CAN通信线传到ECM	
传感器——输入信号	输入信号到ECU	ECU功能	输出信号—执行器
燃油喷射系统			
曲轴位置传感器 凸轮轴位置传感器	发动机转速与活塞位置	燃油喷射和 混合比控制	喷油嘴
大气压力/温度传感器	进气量		
发动机冷却液温度传感器	发动机冷却液温度		
氧传感器	废气中的氧气密度		
电子节气门	节气门位置		
油门踏板位置传感器	油门踏板位置		
驻车/空挡位置开关	驻车/空挡		
爆震传感器	发动机爆震状况		
蓄电池	蓄电池电压		
动力转向压力传感器	动力转向作用		
车速传感器	车速		
空调开关	空调操控		

续表

传感器——输入信号	输入信号到ECU	ECU功能	输出信号—执行器
电子点火系统			
曲轴位置传感器 凸轮轴位置传感器	发动机转速与活塞位置	点火正时控制	点火模块
大气压力/温度传感器	进气量		
发动机冷却液温度传感器	发动机冷却液温度		
电子节气门	节气门位置		
油门踏板位置传感器	油门踏板位置		
爆震传感器	发动机爆震状况		
驻车/空挡位置开关	驻车/空挡		
蓄电池	蓄电池电压		
车速传感器	车速		
空调切断控制			
空调开关	空调ON信号	空调切断控制	空调继电器
制冷剂压力传感器	制冷剂压力		
曲轴位置传感器 凸轮轴位置传感器	发动机转速和活塞位置		
发动机冷却液温度传感器	发动机冷却液温度		
电子节气门	节气门位置		
蓄电池电压	蓄电池电压		
车速传感器	车速		
燃油切断控制			
曲轴位置传感器 凸轮轴位置传感器	发动机转速与活塞位置	燃油切断控制	喷油嘴
发动机冷却液温度传感器	发动机冷却液温度		
油门踏板位置传感器	油门踏板位置		
蓄电池	蓄电池电压		
车速传感器	车速		
换挡开关	空挡		

三、电子节气门

结构通解（图2-83）

电子节气门系统是将加速踏板操作转换成电气信号，由ECU根据驾驶状况来控制节气门控制阀的开关，因此没有连接加速踏板与节气门控制阀的油门拉索。

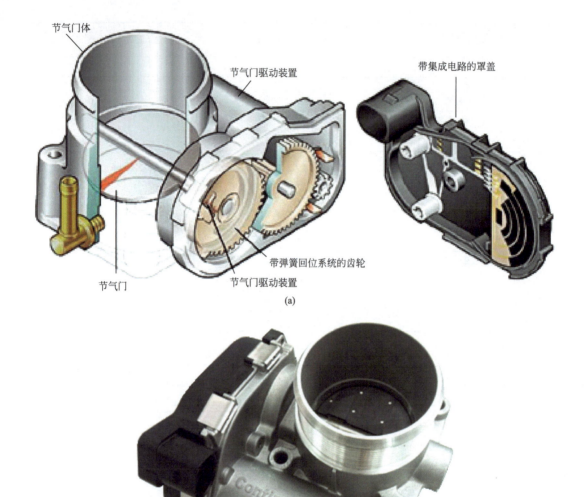

图 2-83

原理通解

　　节气门位置传感器由两个无触点线性电位器传感器组成，且由ECU提供相同的基准电压。当节气门位置发生变化时，电位器阻值也随之线性地改变，由此产生相应的电压信号输入ECU，该电压信号反映节气门开度的大小和变化速率。

四、空气流量计

结构通解 （图2-84）

大众车系使用的空气流量计，属L型热膜式空气流量计，安装在空气滤清器壳体与进气软管之间。其核心部件是流量传感元件和热电阻（均为铂膜式电阻）组合在一起构成热膜电阻。在传感器内部的进气通道上设有一个矩形护套，相当于取样管，热膜电阻设在护套中。

(a)

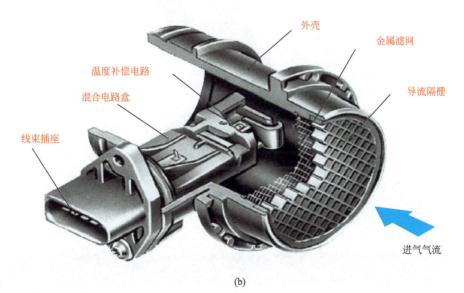

(b)

图2-84

原理通解

空气流量计的功用是检测发动机进气量大小,并将进气量信息转换成电信号输入电控单元(ECU)以供计算确定喷油量。

五、氧传感器

结构通解 （图2-85）

氧传感器安装在三元催化转换器上。

扫一扫，听讲解

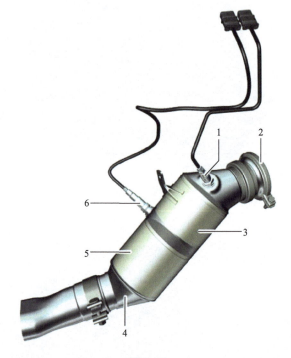

图2-85

1—催化转换器前氧传感器；2—废气涡轮增压器上的接口；3—陶瓷载体1；
4—催化转换器；5—陶瓷载体2；6—催化转换器后氧传感器

结构通解

氧传感器结构如图2-86所示。

Chapter 02　第二章　汽车发动机

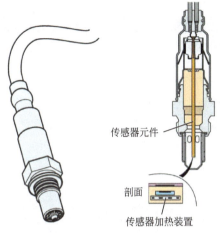

图 2-86

原理通解

简单地说，氧传感器是提供混合器浓度信息，用于修正喷油量，实现对空燃比的闭环控制，保证发动机实际空燃比接近理论空燃比的主要元件。

六、曲轴位置传感器

结构通解（图 2-87）

曲轴位置传感器是重要的传感器之一，如果曲轴位置传感器损坏而无法输出缺齿齿位的信号，会使ECM无法判读曲轴位置，并将导致燃油系统和主继电器系统无法运作。

图 2-87

1—插头；2—防尘密封件；3—传感器

结构通解 （图2-88）

曲轴位置传感器一般为电磁脉冲信号传感器，飞轮上装有一个齿圈作为脉冲传感器，利用感应曲轴正时盘58齿的缺两齿位置来判定曲轴旋转时的转速和活塞的相对位置。发动机控制模块使用此信息生成正时点火和喷射脉冲，然后发送给点火线圈和喷油器。

发动机转速传感器G28

靶轮

图2-88

原理通解

曲轴位置传感器，也就是转速传感器，用来检测发动机转速，如果其发生故障，将不能启动发动机。发动机转速是计算空燃比和进行点火调节的主要控制参数。

发动机控制单元利用此信号来探测发动机转速和曲轴上止点位置。要调节凸轮轴，发动机控制单元必须知道曲轴的准确位置。要准确地探测出曲轴的位置，发动机控制单元使用来自传感器转子上每一个齿的信号。

结构通解

曲轴位置传感器安装位置如图2-89所示。

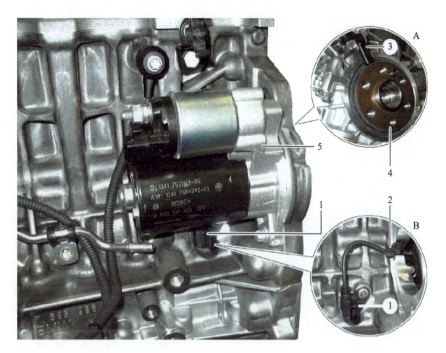

图2-89

1—插头；2—防尘密封件；3—传感器；4—多磁极轮；5—起动机；
A—视线指向曲轴；B—视线方向相同，无起动机

第三章中二维码所在页码：106，111，116，117

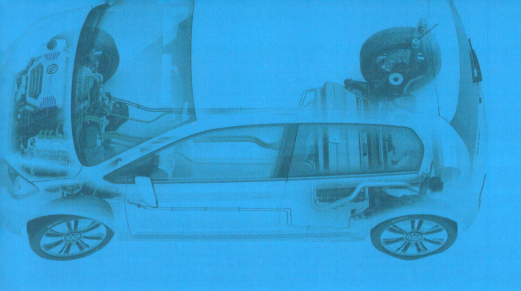
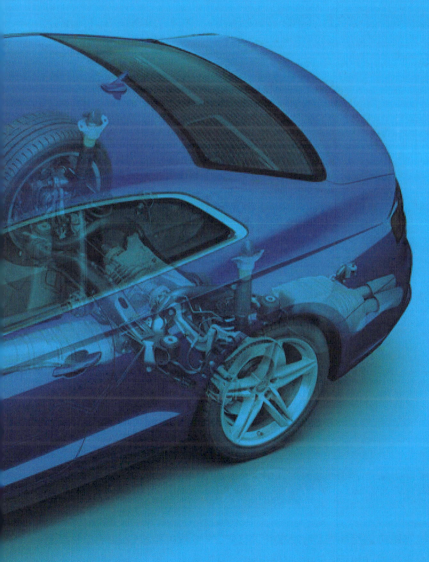

第一章
了解汽车

第二章
汽车发动机

Chapter 03　第三章
汽车传动系统

第四章
汽车行驶系统

第五章
汽车转向系统

第六章
汽车制动系统

第七章
汽车电气系统

第八章
汽车车身系统

第一节　概述

结构通解

为了能够将发动机转矩传输到驱动轮上，需要一些重要组件，基本结构如图3-1所示。

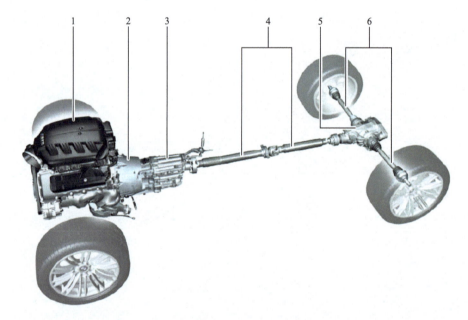

图3-1

1—发动机；2—离合器；3—变速箱；4—传动轴；
5—带有差速器的主减速器；6—半轴

原理通解

发动机产生的转矩通过飞轮传递至离合器。发动机循环工作过程中受系统条件所限会出现振动，飞轮还通过其惯性承担发动机运行时的减振任务。由于离合器可以使传动系统分离或缓慢连接，因此车辆可以在发动机运转状态下静止、平稳起步和换挡。

第二节 离合器

一、离合器作用

① 能够切断或接通发动机与变速器之间的动力传递。
② 分离和接合应平缓进行,防止发动机转速剧烈变化。
③ 能够打滑,防止发动机和传动系统过载。

二、离合器结构组成

结构通解 (图3-2)

离合器结构随车辆形式而不同,但是离合器的主要结构相同,即由飞轮、离合器片总成、离合器压盘总成(离合器端盖、压盘、内部弹簧和分离杠杆)、分离拨叉、分离轴承、液压或机械操纵机构组成。

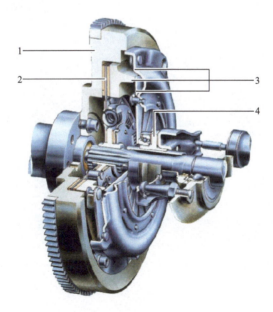

图3-2

1—飞轮;2—离合器从动盘;3—离合器自动装置(离合器端盖、压盘、盘形弹簧);4—分离轴承

原理通解

离合器位于发动机和变速器之间，用于接通或切断发动机和传动系统间的动力传递。当驾驶员踩下离合器踏板后，切断了从发动机传递到变速器的动力。随着驾驶员慢慢抬起离合器踏板，离合器将发动机和变速器逐渐连接起来，动力通过半轴传递至车轮，车辆开始行驶。

结构通解

盘形弹簧将离合器压盘压在离合器从动盘上。离合器从动盘以轴向移动方式支撑在离合器轴上。因此离合器压盘可将离合器从动盘压在飞轮的摩擦面上，从而使飞轮以摩擦方式通过离合器从动盘与变速箱输入轴连接［图3-3（a）］。

踩下离合器踏板时，通过工作缸和分离拨叉将分离轴承压在盘形弹簧上。盘形弹簧克服压紧力使离合器压盘从离合器从动盘上抬起，离合器从动盘离开飞轮摩擦面并位于飞轮与离合器压盘之间，此时至变速箱的动力传递中断［图3-3（b）］。

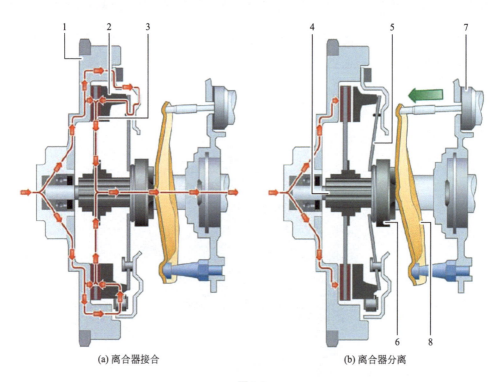

(a) 离合器接合　　　　　　　(b) 离合器分离

图 3-3

1—飞轮；2—离合器压盘；3—离合器从动盘；4—离合器轴；
5—盘形弹簧；6—分离轴承；7—工作缸；8—分离拨叉

原理通解

离合器的设计目的是使连接（离合器接合）和断开（离合器分离）的操作平缓进行。不能猛然把离合器从完全分离状态直接生硬地转换为接合状态。要使车辆行驶，发动机必须提高转速并达到足够的动力，但是发动机不能马上把车轮转速提高到与发动机转速相匹配的程度，这时，离合器就解决了这个问题。驱动轮开始时缓慢转动并逐渐加速，最终离合器各元件达到相同的转速，离合器稳固接合。

车辆行驶换挡时也会产生类似的情况。此时驱动轮的转速并不等于发动机的转速。要实现不同挡位的平滑换挡，离合器需要先滑转，然后轻柔接合并逐渐加大接合力度，最终紧密接合。

三、离合器操纵

结构通解 （图3-4）

驾驶员通过踩下离合器踏板断开传动系统的动力传递。为了确保较高的操作舒适性，所需脚踏力不得超过150N，因此离合器分离时需放大脚踏力，脚踏力通过离合器踏板内的连杆并通过液压方式进行传递。

在液压操纵机构中作用力以纯液压方式传递。基本结构与液压制动系统非常相似。液压离合器操纵机构可自动调节。

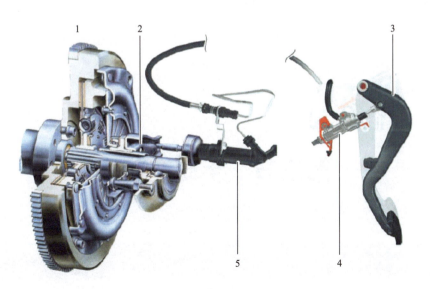

图3-4

1—离合器；2—分离拨叉；3—离合器踏板；4—主缸；5—工作缸

原理通解

离合器分离：脚踏力通过离合器踏板和连杆传递到主缸活塞上，在主缸压力室内产生的压力作用在整个液压系统内。

离合器接合：脚踏力消失，即驾驶员松开踏板时，液压系统内的压力就会降低，盘形弹簧的弹簧力将分离轴承压回并使压盘重新压到离合器从动盘上，因此离合器重新接合。

结构通解（图3-5）

离合器压盘带有一个盘形弹簧，盘形弹簧产生压紧力，离合器压盘通过该压紧力将离合器从动盘压到飞轮上。离合器的压紧力通过这个盘形弹簧确定。

图3-5

第三节　手动变速器

结构通解（图3-6）

手动变速器内有多个不同的齿轮，通过不同大小的齿轮组合在一起，就能实现对发动机转矩和转速的调整。用低转矩可以换来高转速，用低转速则可以换来高转矩。

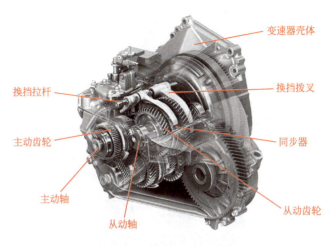

图 3-6

原理通解 （图3-7）

手动变速器的原理包含了齿轮机械和杠杆的原理。当降挡时，实际上是将被动齿轮切换成了更大的齿轮，根据杠杆原理，此时变速器输出的转速就会相对降低，但转矩增大；反之，如果是升挡，则实际上是被动齿轮切换为小齿轮，此时变速器输出的转速就会提高，但转矩会减小。

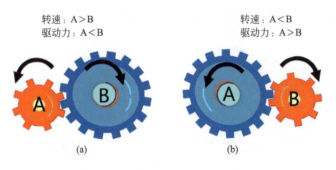

图 3-7

结构通解

图3-8所示为5挡手动变速器，当挂上1挡时，实际上是将1、2挡同步器向左移动使其与1挡从动齿轮接合，将动力传递到输出轴。倒挡的主动齿轮和从动齿轮中夹了一个中间齿轮，通过这个齿轮实现汽车的倒退行驶。在空挡位置，没有齿轮通过对应的同步器总成与输入轴或输出轴相连接，没有转矩传送到差速器。

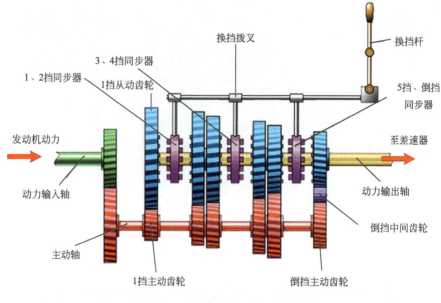

图 3-8

结构通解 （图3-9）

图3-9所示为变速杆和操纵杆拉索机构，当变速杆向左移动，使同步器向右移动与齿轮接合，发动机动力通过中间轴的齿轮传递给动力输出轴。

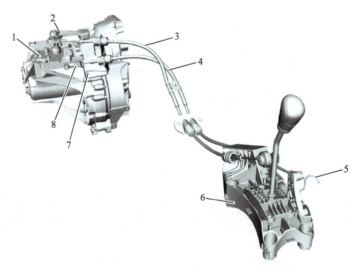

图 3-9

1—换挡单元；2—带有阻尼惯量的换挡臂；3—操纵杆；4—变速杆拉索；5—换挡杆调整工具；6—变速杆；7—操纵杆拉索固定支座；8—变速杆拉索调节机械机构

第四节　自动变速器

一、AMT变速器

AMT是英文Automated Mechanical transmission的缩写，中文译为自动机械式变速器，即电控机械式自动变速器。AMT变速器是在传统的手动齿轮式变速器基础上改进而来的，它是融合了AT和MT两者优点的机电液一体化自动变速器。它将手动变速器的离合器分离及换挡拨叉等靠人力操纵的部件实现了自动操纵，即通过电动或液压动力实现。驾驶员操纵起来和自动变速器是一样的，这样就实现了手动变速器的自动化，即汽车电控机械式自动变速器。

结构通解（图3-10）

AMT变速器是在普通手动变速器的基础上，改变机械变速器换挡操纵部分进行优化设计，即在总体传动结构不变的情况下通过加装电子控制的自动操纵系统来实现换挡的自动化。

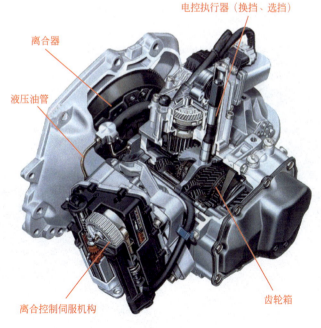

图3-10

原理通解

主要是在发动机控制单元和变速器控制单元的控制下，由液压泵驱动液压油提供动力，液压油进入选换挡机构和离合器阀体中，实现选挡、换挡和离合器的分离与接合。

二、DCT变速器

DCT变速器（Double—clutch Gearbox）即双离合变速器，在大众车系中也称直接换挡自动变速器（DSG）。

DSG可以形象地设想为将两台变速器的功能合二为一，并建立在单一的系统内。DSG内含两台自动控制的离合器，由电子控制及液压推动，能同时控制两台离合器的运作。当变速器运作时，一组齿轮啮合，而接近换挡时，下一挡段的齿轮已被预选，但离合器仍处于分离状态；当换挡时一台离合器将使用中的齿轮分离，同时另一台离合器啮合已被预选的齿轮，在整个换挡期间能确保最少有一组齿轮在输出动力，使动力没有出现间断的状况。

结构通解 （图3-11）

双离合器变速器仍然像手动变速器一样，是由众多齿轮、同步器、液压控制单元、电子控制单元和各轴等部件组成的，速比变化靠计算机控制来实现，而且各挡速比是固定不变的。

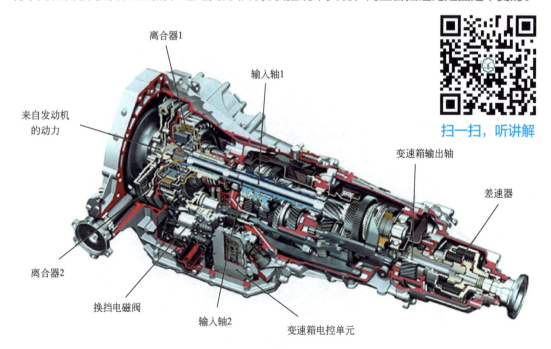

图3-11

原理通解

无论6挡DSG变速器还是7挡DSG变速器，它们的基本原理是一致的，简单地说，就是将两套变速系统合二为一。DSG变速器包含智能电子液压换挡控制系统、双离合器、双输入轴和三个驱动轴等核心环节，它们共同完成复杂的换挡过程。

三、CVT变速器

CVT是Continuously Variable Transmission的英文缩写，即连续可变传输器，一般称为无级变速器。它是自动变速器的一种，但不同于一般的AT自动变速器，自动挡车还是有级变速，有挡位的，而CVT可以连续变速，是没有挡位的。

结构通解 （图3-12）

虽然CVT变速原理都一样，但各厂家的CVT并不完全一样，它们的最大区别是传递动力的金属带。这条钢带已成CVT技术核心中的核心。以奥迪为代表的CVT使用金属链传递动力，它的优点是能传递较大的动力，缺点是磨损较大、噪声较大；以日产为代表的CVT采用金属带传递动力，其优点和缺点则与金属链式CVT相反。

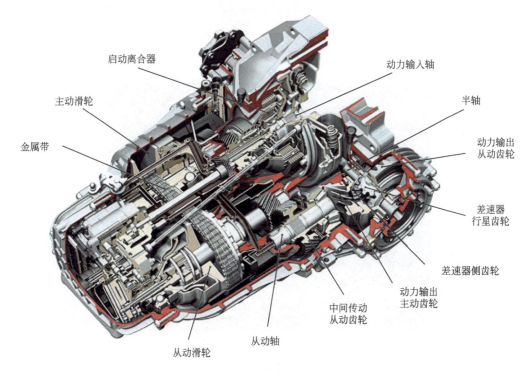

图3-12

结构通解 （图3-13）

CVT无级变速器的主要部件是两个滑轮和一条金属带，金属带套在两个滑轮上。滑轮由两片轮盘组成，这两片轮盘中间的凹槽形成一个V形，其中一边的轮盘由液压控制机构控制，可以视不同的发动机转速，进行分开与拉近的动作，V形凹槽也随之变宽或变窄，将金属带升高或降低，从而改变金属带与滑轮接触的直径，相当于齿轮变速中切换不同直径的齿轮。两个滑轮呈反向调节，即其中一个带轮凹槽逐渐变宽时，另一个带轮凹槽就会逐渐变窄，从而迅速加大传动比的变化。

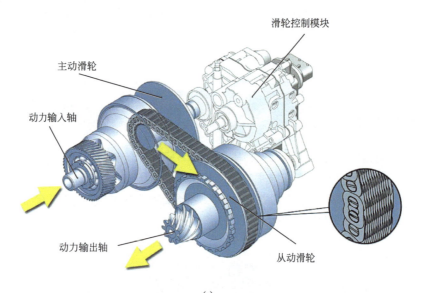

(a)

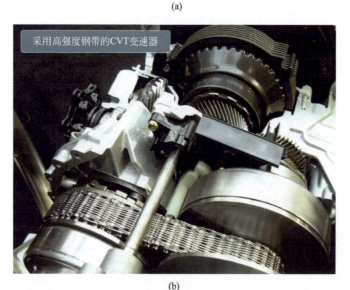

(b)

图3-13

原理通解 （图3-14）

奥迪01J无级变速器，为消除发动机与变速器之间的摩擦损耗，发动机与CVT之间以飞轮减振装置代替一般液力自动变速器的液力变矩器。其动力输出采用行星齿轮系统及两组湿式可变压力油冷式离合器，压力可随发动机输出转矩大小而改变。可变压力油冷式离合器具有软连接的功能，能满足车辆起步、停车和换挡的需要。

当前进离合器接合时，行星齿轮系统太阳轮的钢片与行星架的摩擦片结合成一体，与发动机同步，由行星架将动力输出至辅助减速机构；当倒车离合器接合时，齿圈的摩擦片与变速器壳体的钢片结合，齿圈被固定，太阳轮将动力传递给行星架。

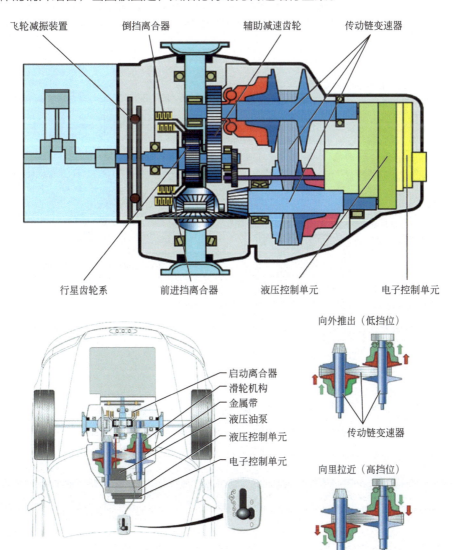

图3-14

四、AT变速器

电子液压式多挡位自动变速器（AT）是目前技术成熟的、应用最广泛的自动变速器。按照控制方式的不同，液力自动变速器可分为液控液力自动变速器和电控液力自动变速器，目前轿车上都采用电控液力自动变速器。

结构通解 （图3-15）

在自动变速器中换挡过程全自动执行，无需驾驶员干预。换挡时不会出现牵引力中断的情况。控制单元根据车辆运行状态决定何时换入何档。液力变矩器用于车辆起步以及在换挡过程中减轻变速器负荷。

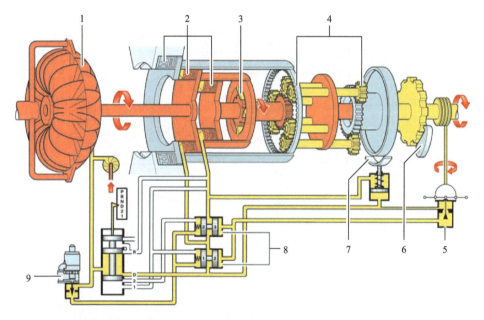

图3-15

1—液力变矩器；2—片式离合器；3—单向离合器；4—行星齿轮系；5—离心力调节器；
6—驻车锁；7—制动带；8—控制活塞；9—压力调节器

原理通解

自动变速器由以下几个系统组成。

① 动力传递系统（液力变矩器）：起到连接发动机与自动变速器的作用。
② 齿轮变速系统（行星齿轮机构）：主要用来改变汽车的行驶速度和行驶方向。

③ 液压控制系统：把油泵输出的压力油调节出不同的压力并输送至不同的部位以达到不同的液压控制目的。

④ 电子控制系统：通过监控汽车的整体运行工况实现自动变速器不同功能的控制。

⑤ 冷却控制系统：使自动变速器始终保持在一个合理的工作温度。

结构通解（图3-16）

各种自动变速器的外部形状和内部结构有所不同，但它们的基本组成相同，都是由液力变矩器和齿轮式自动变速器组合而成的。常见的组成部分有液力变矩器、行星齿轮机构、离合器、制动器、油泵、滤清器、管道、控制阀体、速度调压器等，按照这些部件的功能，可将它们分为液力变矩器、变速齿轮机构、供油系统、自动换挡控制系统和换挡操纵机构五大部分。

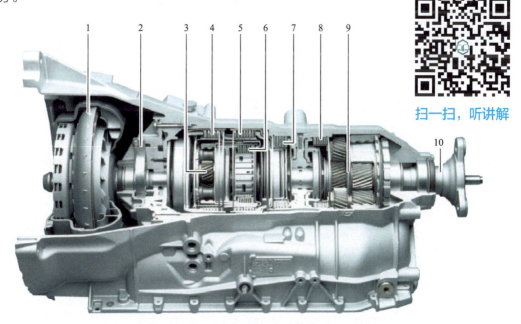

扫一扫，听讲解

图3-16

1—带涡轮扭转减振器（TTD）和变矩器锁止离合器的液力变矩器；2—机油泵；3—单行星齿轮组；4—驱动离合器A；5—驱动离合器B；6—驱动离合器E；7—制动离合器C；8—制动离合器D；9—双行星齿轮组；10—输出轴法兰

结构通解

横置6挡自动变速器剖面图如图3-17所示。

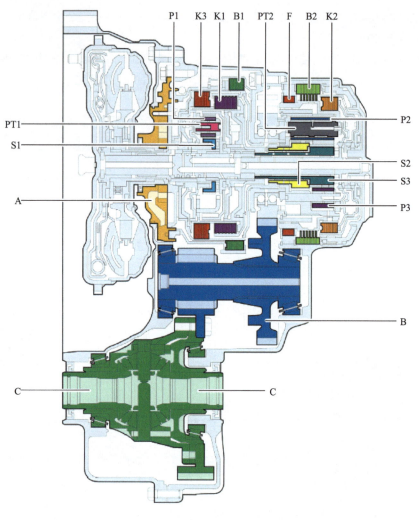

图 3-17

A—机油泵；B—中间传动；C—输出/主减速器；B1,B2—片式制动器；
PT1,PT2—行星齿轮架；F—自由轮；S1～S3—太阳轮；
K1～K3—片式离合器；P1～P3—行星齿轮

1.液力变矩器

结构通解（图3-18）

液力变矩器由泵轮、涡轮、导轮等组成。变矩器位于自动变速器的最前端，安装在发动机的飞轮上，其作用与采用手动变速器的汽车中的离合器相似。它利用油液循环流动过程中动能的变化将发动机的动力传递到自动变速器的输入轴，并能根据汽车行驶阻力的变化，在一定范围内自动地、无级地改变传动比和转矩比，具有一定的减速增矩功能。

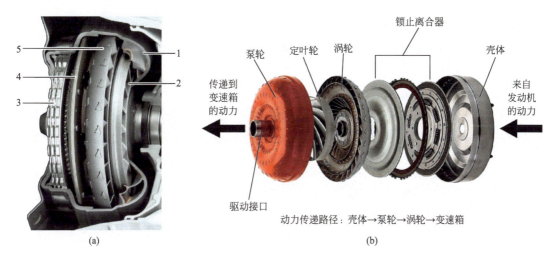

图 3-18

1—泵轮；2—导轮；3—液力变矩器锁止离合器；
4—扭转减振器（涡轮扭转减振器或双减振器系统）；5—涡轮

原理通解（图3-19）

液力变矩器的工作原理就像带空气通道的一对风扇，一个风扇工作，然后将另一个不工作的风扇吹动，这可以很形象地解释液力变矩器中泵轮和涡轮之间的工作关系。

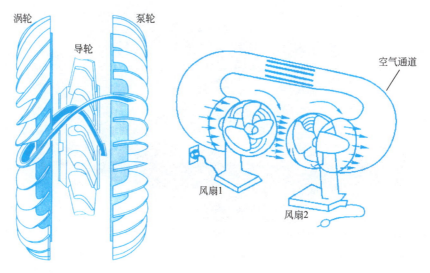

图 3-19

2.齿轮机构

典型齿轮变速机构的形式有平行轴式(或称定轴式、普通齿轮式)和行星齿轮式(包括辛普森式、拉维娜式等)。

结构通解 (图3-20)

行星齿轮机构是由一个太阳轮、一个齿圈、一个行星架和支承在行星架上的几个行星齿轮组成的,称为一个行星排。行星齿轮机构三元件:太阳轮、齿圈、行星架。

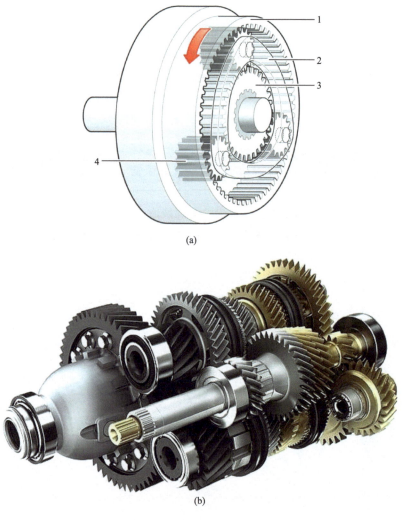

图3-20

1—齿圈;2—行星齿轮架;3—太阳轮;4—行星齿轮

第五节　差速器和主减速器

汽车发动机的动力经离合器、变速器、传动轴,最后传送到驱动桥再左右分配给半轴驱动车轮,在这条动力传送途径上,驱动桥是最后一个总成,它的主要部件是差速器和主减速器。

一、差速器

结构通解（图3-21）

差速器主要是由两个侧齿轮(通过半轴与车轮相连)、两个行星齿轮(行星架与齿圈连接)、一个齿圈(与动力输入轴相连)组成的。它的两个输出轴可在不同转速下运动,但又保持两轴输出的转矩相同。

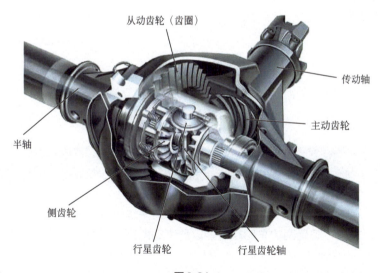

图3-21

结构通解（图3-22）

差速器可在向两侧车轮传输相同作用力的情况下进行转速补偿。差速器内装有行星齿轮和半轴齿轮,两者相互啮合。转矩通过行星齿轮传输至半轴齿轮。

每一个锥齿轮都获得可传输转矩的1/2。通过行星齿轮实现的这项功能可在不受不同车轮作用力的影响下自然转弯。

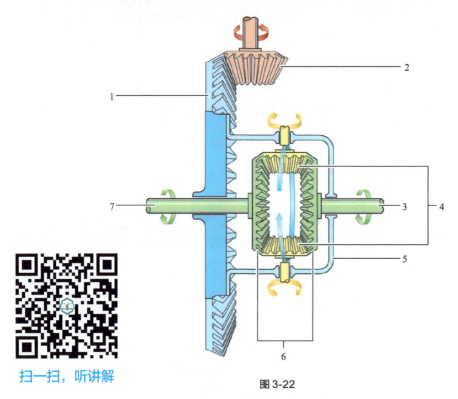

图 3-22

1—被动齿轮；2—主动齿轮；3—右侧半轴；4—行星齿轮；
5—差速器壳；6—半轴齿轮；7—左侧半轴

扫一扫，听讲解

原理通解

　　汽车差速器是驱动桥的主件，它的作用就是在向两边半轴传递动力的同时，允许两边半轴以不同的转速旋转，满足两边车轮尽可能以纯滚动的形式不等距行驶，减小轮胎与地面的摩擦。

　　汽车在转弯时车轮的轨迹是圆弧，如果汽车向左转弯，圆弧的中心点在左侧，在相同的时间里，右侧车轮走的弧线比左侧车轮长，为了平衡这个差异，应使左边车轮慢一点，右边车轮快一点，用不同的转速来弥补距离的差异。

　　在汽车转弯时，要求左、右车轮的转速不同，而发动机传给左、右驱动轮的力是一样的，这就需要一个装置来协调左、右驱动轮的转速，这就是差速器的作用。它可以将变速器输出的转矩合理地分配给左、右驱动轮。在前置前驱车上，差速器布置在前轴上；在前置后驱车上，差速器布置在后轴上；在中置后驱车上，差速器也布置在后轴上。

二、主减速器

结构通解

主减速器的作用是将变速器输出的动力再次减速,以增加转矩,然后将动力传递给差速器。图3-23所示为传统后桥主减速器的结构示意。

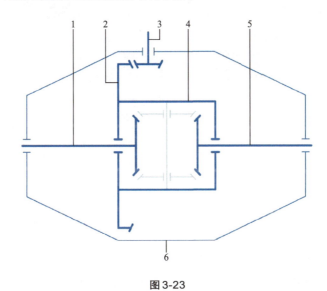

图 3-23

1—左侧半轴;2—被动齿轮;3—主动锥齿轮;4—差速器及壳体;5—右侧半轴;6—壳体

原理通解

对于四驱汽车来讲,前轴和后轴之间的轴间差速器,也称中央差速器。中央差速器应是全时四轮驱动汽车上特有的装置。前轮驱动的汽车在前轴需要一个差速器来平衡转弯时左、右驱动轮的转速,后轮驱动的汽车也是同样如此。四轮驱动汽车同时拥有前轮及后轮的差速器。不过四轮驱动汽车在角度较大的转弯时,虽然左、右轮的转速可由前、后两个差速器平衡协调,但前、后传动轴的转速仍然不够平衡协调,此时就需依靠中央差速器或类似功能的耦合装置来平衡前、后传动轴的转速了。

扫一扫,听讲解

结构通解

图3-24所示为带有叠加单元后桥主减速器的结构示意。

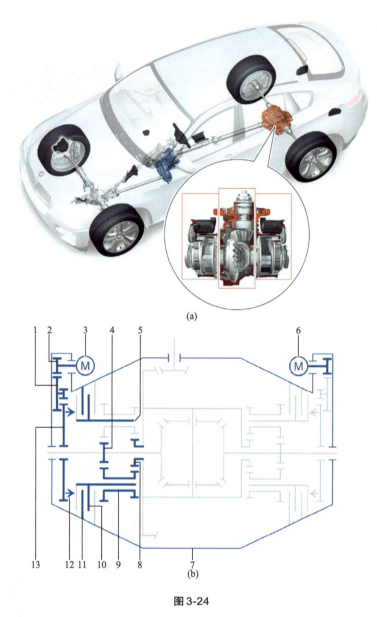

图 3-24

1—传动齿轮；2—电机小齿轮；3—左侧电机；4—外侧太阳轮；5—行星齿轮架；6—右侧电机；7—壳体；8—内侧太阳轮；9—行星齿轮；10—摩擦片；11—摩擦片支架；12—球道；13—球道驱动齿轮

结构通解 （图3-25）

针对动态驱动力分配系统采用的后桥主减速器与传统后桥主减速器（差速器）基本相同，只是在左右两侧各增加了一个叠加单元。唯一的区别在于被动齿轮和差速器之间为焊接连接方式（以前为螺栓连接）。

两个叠加单元的结构基本相同,但在细节上有所不同。例如,左右两侧的电机和行星齿轮组不同。此后桥主减速器有三个储油室,共用一个通道通风。

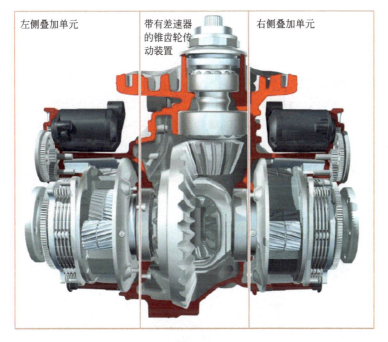

图 3-25

结构通解 (图3-26)

为了改善车辆牵引力,可安装防滑差速器。防滑差速器用于防止驱动轮打滑。差速器内装有锁止元件。锁止元件通常为片式离合器,通过这些离合器可使半轴齿轮与差速器壳相连。通常以机械方式执行这项功能。

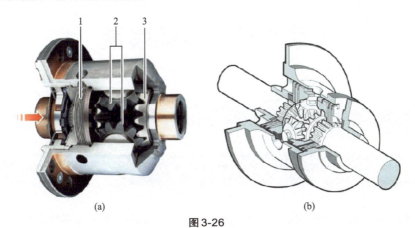

图 3-26
1—摩擦片组;2—行星齿轮;3—半轴齿轮

原理通解 （图3-27）

（1）均匀的路面附着力

转矩通过被动齿轮和差速器壳传输至压环，压环可轴向移动，因此转矩可通过片式离合器传输至啮合的半轴。

（2）不同的路面附着力

如右侧驱动轮打滑时，行星齿轮也会转动，行星齿轮轴将压环压向两个摩擦片组。在压紧力作用下，右侧摩擦片组快速打滑的内啮合摩擦片与外啮合摩擦片之间产生一个取决于负荷的摩擦力矩。该摩擦力矩通过差速器壳、左侧摩擦片组、左侧半轴花键传输至左侧驱动轮。除正常驱动力矩外，它也对右侧驱动侧产生作用。

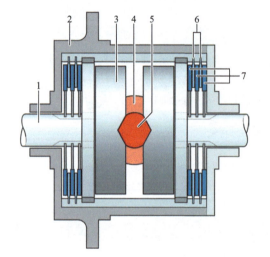

1—半轴；
2—差速器壳；
3—压环；
4—行星齿轮；
5—带撑开作用锥面的轴；
6—钢制摩擦片；
7—带涂层摩擦片

图3-27

第六节　传动装置

一、传动轴

结构通解 （图3-28）

变速器将动力传输至连接后桥主减速器的轴上。为了减轻重量和噪声，可采用钢制或铝合金传动轴。传动轴带有一个变形元件（碰撞吸能元件），其前部采用碰撞吸能管设计，发生正面碰撞使发动机后移时，该管可变形回缩并吸收一定的作用力。

由于变速器、分动器和主减速器以弹性方式支撑在车辆上且所处高度不同，因此传动轴需使用可传递转矩且允许特定交角的万向节。此外还需进行长度补偿，因为车桥弹簧压缩等情况下，车轮与主减速器之间的距离可能会发生变化。

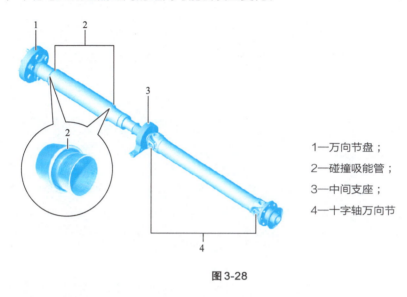

1—万向节盘；
2—碰撞吸能管；
3—中间支座；
4—十字轴万向节

图 3-28

二、万向节

结构通解 （图3-29）

由于现在大多数车辆都采用弹簧行程较大的独立悬架，因此半轴尤其需要在差速器侧和车轮侧分别安装能够在相同交角时传输转矩的万向节。

采用前轮驱动时，根据转向角情况所需最大交角为50°，因此只能使用等角速万向节。等角速万向节可在交角较大的情况下均匀传输转速。此外，等角速万向节还能在车轮弹簧压缩和伸长时进行所需长度补偿。

图 3-29

第四章中二维码所在页码：126，127，131，132

第一章
了解汽车

第二章
汽车发动机

第三章
汽车传动系统

Chapter 04　第四章
汽车行驶系统

第五章
汽车转向系统

第六章
汽车制动系统

第七章
汽车电气系统

第八章
汽车车身系统

第一节　非独立悬架

一、钢板弹簧式非独立悬架

结构通解　（图4-1）

钢板弹簧中部通过U形螺栓固定在前桥上。钢板弹簧的前端卷耳用弹簧销与前支架相连，形成固定式铰链支点，起传力和导向作用；后端卷耳则用吊耳销与可在车架上摆动的吊耳相连，形成摆动式铰链支点，从而保证了弹簧变形时两卷耳中心线间的距离有改变的可能。

减振器的上、下两个吊环通过橡胶衬套和连接销分别与车架上的上支架和车桥上的下支架相连。盖板上装有橡胶缓冲块，以限制弹簧的最大变形，并防止弹簧直接碰撞车架。

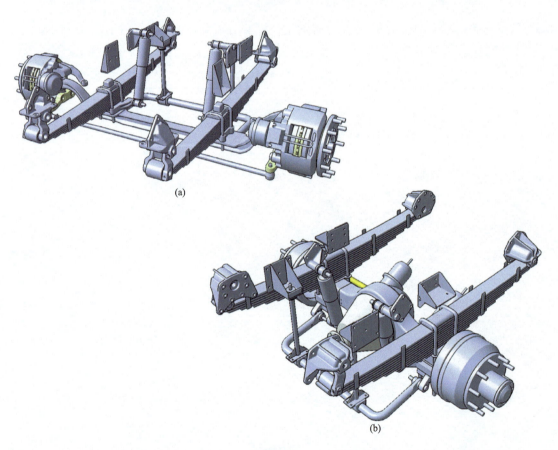

图4-1

二、螺旋弹簧式非独立悬架

结构通解 （图4-2）

螺旋弹簧非独立悬架一般只用于轿车的后悬架。两根纵向推力杆的中部与后桥焊接为一体,前端通过带橡胶的支承座与车身进行铰链连接,后端与轮毂相连接。纵向推力杆用于传递纵向力及其力矩。整个后桥、纵向推力杆及车轮可以绕支承座的铰支点连线相对于车身上、下纵向摆动。

螺旋弹簧的上端装在弹簧上座中,下端则支承在减振器外壳上的弹簧下座上,它只承受垂直力。减振器的上端与弹簧上座一起装在车身底部的悬架支座中,下端则与纵向推力杆相连接。

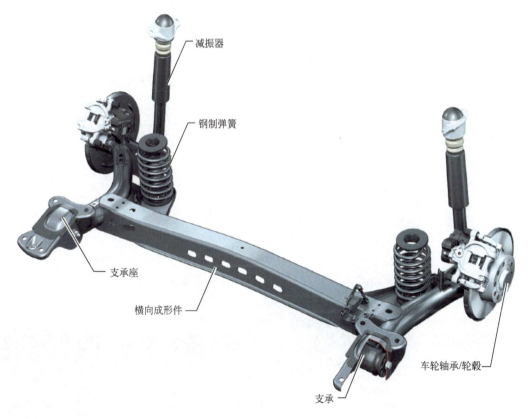

图4-2

第二节　独立悬架

一、独立悬架优点

① 由于左、右车轮的运动相对独立、互不影响，可以减少行驶时车架或车身的振动，同时可以减弱转向轮的偏摆。
② 独立悬架的非簧载质量小，可以减小来自路面的冲击和振动。
③ 独立悬架与断开式车桥配用，可以降低汽车的重心，提高汽车行驶的平顺性。

二、麦弗逊式独立悬架

结构通解（图4-3）

麦弗逊式独立悬架目前在轿车中应用很广泛。麦弗逊式独立悬架结构较简单，布置紧凑，用于前悬架时能增大两前轮内侧的空间，故多用于发动机前置前轮驱动的轿车上（如捷达、桑塔纳等）。

前轮采用麦弗逊式独立悬架时，前轮定位各参数的变化较小，除前束可调整外，其他参数有的车型规定不可调整，有的车型则规定可以调整。

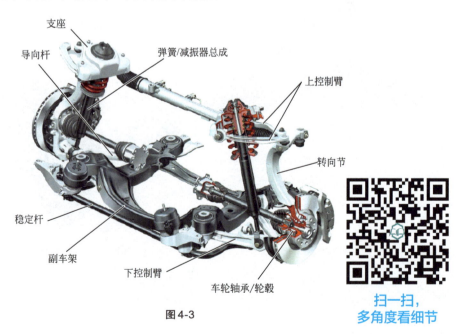

图 4-3

扫一扫，
多角度看细节

结构通解 （图4-4）

后悬架：独立悬架的调整是通过可调节后连接杆或下控制臂实现的。后螺旋弹簧固定在车身和下控制臂之间。橡胶隔振垫在顶部和底部都对螺旋弹簧进行了隔离。

扫一扫，看细节

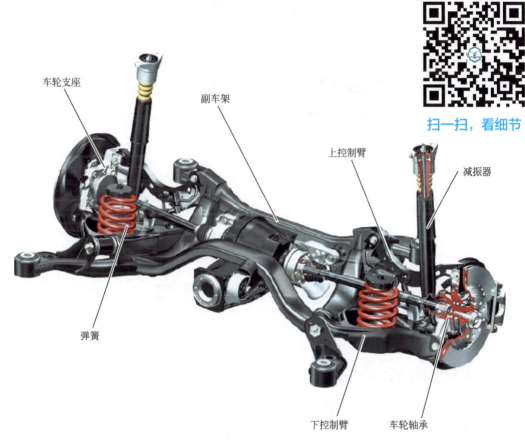

图4-4

结构通解 （图4-5）

多连杆式独立悬架：从结构上看，多连杆悬架是由一些杆、筒以及弹簧等简单构件组成的。多连杆悬架是通过各种连杆配置把车轮与车身相连的一套悬架机构，其连杆数比普通的悬架要多一些，一般把连杆数为3或以上的悬架称为多连杆悬架。前悬架一般为3连杆或4连杆式独立悬挂；后悬架则一般为4连杆或5连杆式独立悬架。

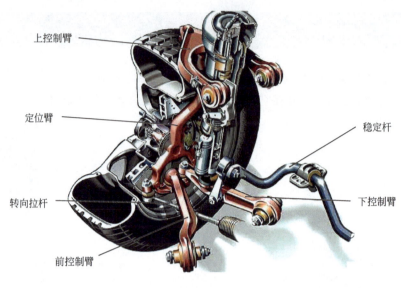

图 4-5

第三节　电子悬架

一、电磁悬架

　　电磁悬架（Magnetic Ride Control）是利用电磁反应的一种新型独立悬架系统，它可以针对路面情况，在1ms时间内作出反应，抑制振动，保持车身稳定，特别是在车速很高又突遇障碍时更能显出它的优势。凯迪拉克作为最早使用电磁悬架的厂商，其搭载电磁悬架的车型相对较多。现款的赛威SLS和Escalade都有配置电磁悬架的车型。

结构通解

　　电磁悬架的核心部件是内部充满磁流变液体的电磁悬架吸振筒。电磁悬架吸振筒的大体结构与传统的悬架吸振筒相似，但在减振器内采用的是一种称为电磁液的特殊液体，它是由合成碳氢化合物以及3～10μm大小的磁性颗粒组成的，电磁悬架利用电极来改变吸振筒内磁性粒子的排列形状，控制感测电脑可在1s内连续反应1000次。一旦控制单元发出脉冲信号，线圈内便会产生电压，从而形成一个磁场，并改变粒子的排列方式。这些粒子马上会按垂直于压力的方向排列,起到阻碍油在活塞通道内流动的效果,从而提高阻尼系数,调整悬架的减振效果。电磁悬架吸振筒活塞控制原理如图4-6所示。

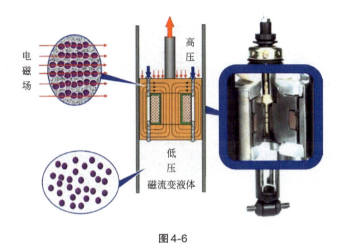

图4-6

原理通解

普通吸振筒内有一个密封腔,腔内有一个活塞,活塞两侧的空腔都充满液压油,活塞上设置有节流孔。当活塞杆推动活塞在密封腔内运动时,液压油通过节流孔由高压侧流向低压侧,从而抑制螺旋弹簧的压缩和回弹,实现吸收振动的作用,一般来说这种吸振筒的阻尼特性是固定的。

在电磁悬架中活塞上还设置有线圈,对线圈通电能够产生磁场而改变位于节流孔中的磁流变液体的属性,从而改变电磁悬架吸振筒的硬度。通过线圈的电流越大,悬架则越硬。电磁悬架工作原理如图4-7所示。

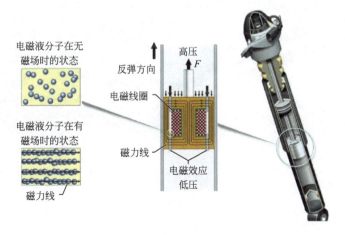

图4-7

二、空气悬架

结构通解 （图4-8）

空气悬架是采用空气减振器的悬架结构。空气减振器中不像传统减振器那样充满油液，而是用一个空气泵向其充入空气，通过控制空气泵，便可调整空气减振器中的空气量或压力，因此空气减振器的硬度和弹性系数是可调的。空气被压缩得多，弹性系数大，能大大提高行驶舒适性和稳定性。

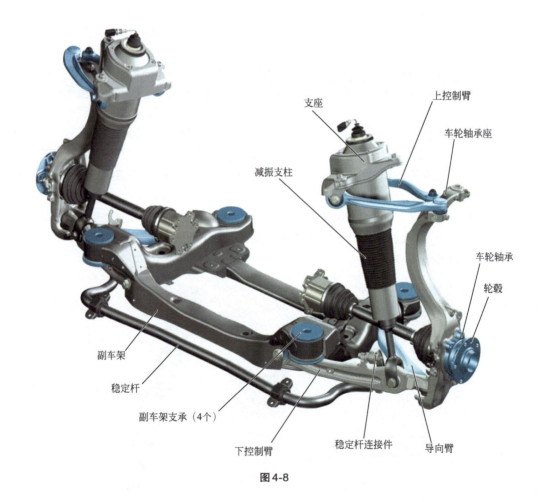

图4-8

原理通解

电控空气悬架是通过电子控制单元计算悬架的受力及感应路况，实时调整悬架减振器刚度和阻尼系数的空气悬架。电控空气悬架系统通过减振器上与活塞整合为一体的电磁阀，可以根据需要调整，在15～20cm内对每个压杆的阻尼进行调节，而减振器上的车轮加速传感器可以为保证方向操作性和稳定性提供最佳减振力。

空气悬架系统还能自动保持车身水平高度，无论空载还是满载，车身高度都能恒定不变，这样在任何载荷情况下，悬架系统的弹簧行程都保持一定，从而使减振特性基本不会受到影响。因此，即便是满载情况下，车身也很容易控制。

扫一扫，看细节

三、新型悬架控制系统

1. 主动悬架控制系统

汽车主动悬架控制系统主要由前车身高度传感器、后车身高度传感器、转向盘转向与转角传感器、节气门位置传感器、车速传感器、控制开关、电子调节悬架电控单元和执行器等组成。主动悬架控制系统主要有主动车身稳定控制系统、连续性阻尼控制系统等。

主动悬架控制系统的基本要求是在汽车行驶路面、行驶速度和载荷变化时，自动调节车身高度、悬架刚度和减振器阻尼的大小，从而改善汽车的行驶平顺性。

（1）主动车身稳定控制系统

主动车身稳定控制系统使汽车对侧倾、俯仰、横摆、跳动和车身高度的控制都能更加迅速、精确。车身的侧倾小，车轮外倾角变化也小，轮胎就能较好地保持与地面垂直接触，使轮胎对地面的附着力提高，以充分发挥轮胎的驱动、制动作用。汽车的载重量无论如何变化，汽车始终以悬架的几何形式保持车身高度不变。

扫一扫，看彩图

（2）连续性阻尼控制系统

连续性阻尼控制（Continuous Damping Control，CDC）系统是一种智能识别道路状况的最新汽车减振系统。

CDC系统由电子控制单元、CAN、4个车轮垂直加速度传感器、4个车身垂直加速度传感器和4个阻尼器比例阀组成。

扫一扫，看细节

电子控制单元根据传感器传来的信号和用户给予的控制模式，经过运算分析后向悬架发出指令，悬架可以根据电子控制单元给出的指令改变悬架的刚度和阻尼系数，使车身在行驶过程中保持良好的稳定性，并且将车身的振动响应控制在允许范围内。

2. 底盘线控系统

汽车底盘线控系统的核心是线控驱动系统、线控转向系统和线控制动系统。线控驱动系统的电子控制器根据驾驶员指令来控制发动机的转速和方向，并且通过加速踏板来控制发动机输出转矩的大小。线控转向系统由转向系统、电子控制系统和转向盘系统三部分组成，去除了转向轮与转向盘之间的机械连接装置，使其自身与其他系统更加协调。线控制动系统由接收单元、踏板行程传感器和制动踏板等组成，经制动控制器接收车速传感器信号、踏板信号与制动信号来控制车轮制动。

扫一扫，看彩图

线控系统是执行机构和操纵机构两者没有机械连接和机械能量的传递，驾驶员的操纵指令通过传感器件感知，再采用电信号等形式经过网络传递给执行机构与电子控制器。其中，执行机构利用外部能源完成相应的任务，而其执行的整个过程和执行结果受电子控制器的控制与监测。

3. 连续控制底盘系统

连续控制底盘系统（Continuously Controlled Chassis Concept，4C）由电子控制全时四轮驱动系统和持续调校悬架系统构成。

连续控制底盘系统可利用纵向、横向、滚动及倾斜传感器，加上车轮速度、转向盘角度、输出功率及制动力等数据，对动力分布及悬架进行调节。其基本工作原理是，分布在底盘的相应传感器可测量车身相对于道路的纵向、横向和垂直方向的加速度，并通过防抱死制动器和稳定控制系统来测量每个车轮的旋转和垂直运动、转向盘的偏转角、速度、转向、发动机转矩以及各种紧急障碍数据等，整个过程以电子线路的形式与轿车全轮驱动系统相连接。由传感器收集上来的数据主动上传给微处理器，再由微处理器将这些信息反馈给减振器。

第四节 轮胎

结构通解 （图4-9）

轮胎分为子午线轮胎和斜交轮胎，现在使用的子午线轮胎主要由以下部分组成：底层织物（胎体）；胎圈（胎圈芯和胎圈加强部分）；侧壁（轮胎侧壁）；胎肩［侧壁与运行表面（胎冠）之间的过渡部分］；运行表面（钢带束、覆盖层、轮胎花纹）。

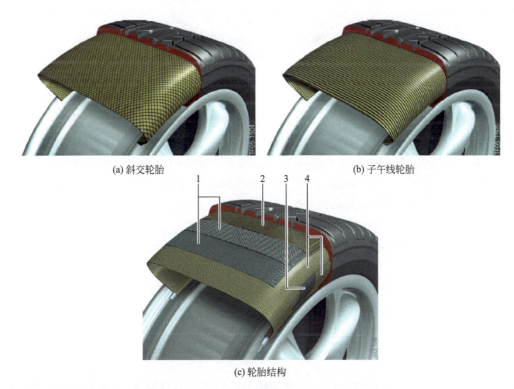

(a) 斜交轮胎　　(b) 子午线轮胎

(c) 轮胎结构

图 4-9

1—钢带束组件，由两个约25°重叠布置的钢丝带束层组成，下层比上层约宽10mm；
2—以缠绕方式布置在四周的尼龙覆盖层盖住整个钢带束组件，从而改善了最高速度特性；
3—用于优化行驶特性的胎圈加强部分；4—子午线织物胎体可以在内部压力较高时，使轮胎保持形状不变

结构通解 （图4-10）

图4-10

1—轮胎制造商；2—DOT标记（11位），EJH8和DJH是制造商专用编号，这个数据代表生产厂、制造国家、轮胎规格和型号，3903表示2003年第39周；3—侧面名称，外侧（相对于车辆来说）；4—TREADWEAR 140，预期使用寿命比例（%），耐磨损性（140%），相对美国标准；5—TRACTION A，评估湿制动能力A、B或C，相对美国标准；6—TEMPERATURE A，评估高速时的耐高温性能A、B或C，相对美国标准；7—胎体层/带束层/带束覆盖层数量和材料，例如侧壁为2层人造纤维，胎面为2层人造纤维、2层钢带束、1层尼龙；8—轮胎花纹名称；9—225/45R17表示轮胎宽度（mm）/轮胎侧壁相对轮胎宽度的比例（%）/子午线轮胎/轮辋直径（in）；10—91/W表示负荷指数615kg/允许最高速度270km/h；11—ECE批准编号；12—星号表示原装BMW轮胎；13—RSC表示漏气保用系统组件；14—颜色标记，白点为匹配点

结构通解 （图4-11）

轮胎的安全性，尤其是在潮湿、泥泞和冰雪路面上的安全性主要取决于轮胎花纹深度。新的夏季和四季轮胎花纹深度约为8mm；冬季轮胎花纹深度约为9mm。通过轮胎花纹深度标记可以判断是否达到了最小花纹深度。

通常把花纹深度标记称为轮胎磨损标记（TWI），该标记用于表示磨损限值。TWI标记的高度为1.6mm，在轮胎圆周上共有六处。

图 4-11

结构通解 （图 4-12）

从轮胎负荷指数标记中可以得到代码形式表示的轮胎最大承载能力。例如 225/45R17 91W 中数字"91"表示每个轮胎承重为 615kg，或每个车桥为 1230kg。

LI	承重/kg	LI	承重/kg	LI	承重/kg
85	515	99	775	113	1150
86	530	100	800	114	1180
87	545	101	825	115	1215
88	560	102	850	116	1250
89	580	103	875	117	1285
90	600	104	900	118	1320
91	615	105	925	119	1360
92	630	106	950	120	1400
93	650	107	975	121	1450
94	670	108	1000	122	1500
95	690	109	1030	123	1550
96	710	110	1060	124	1600
97	730	111	1090	125	1650
98	750	112	1120		

图 4-12

结构通解 （图 4-13）

通过轮胎排除静电：轮胎的另一项任务是排除车身上的静电电荷。这种电荷是因行驶时风与车身摩擦等而产生的。中心碳带环绕在花纹表面上，宽度为 2~4mm。

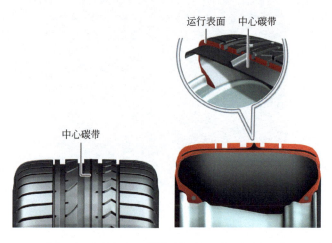

图 4-13

第五节 车轮定位

一、车轮前束

结构通解（图 4-14）

一个车桥的总前束是指一个车桥上车轮前后距离之间的长度差。

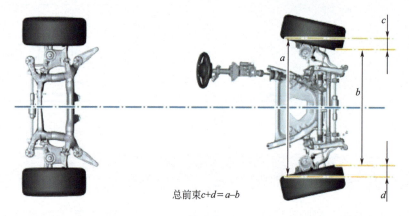

总前束 $c+d=a-b$

图 4-14

二、车轮外倾

结构通解 （图4-15）

车轮外倾是指车轮中心平面相对垂直线（车轮支撑点处，相对路面垂直）处于倾斜位置。如果车轮上部相对车轮中心平面向外倾斜，则外倾角为正（＋）；如果车轮向内倾，则为负（－）。车轮外倾以度数为单位测量。

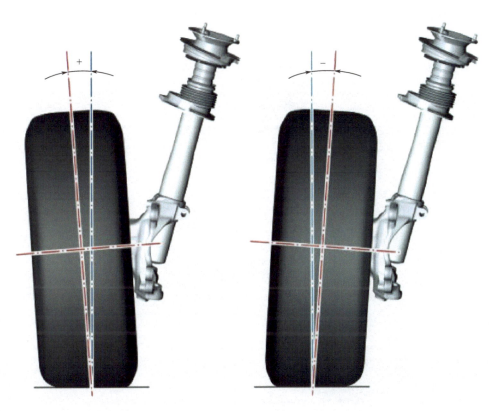

图4-15

三、主销内倾

结构通解 （图4-16）

主销内倾是指回转轴线相对垂直线（车轮支撑点处，相对路面垂直，向车辆转向轴方向看）处于倾斜位置。转动转向盘时主销内倾使车辆升高，这样就会产生车轮回正力。

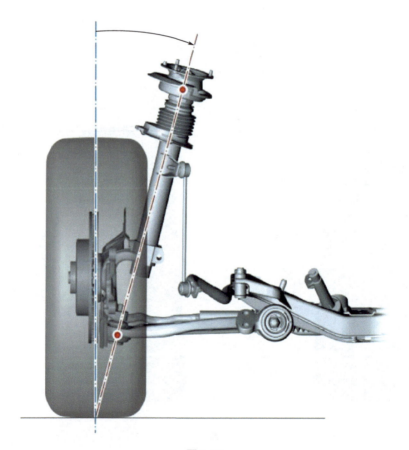

图4-16

四、主销后倾

结构通解 （图4-17）

主销后倾是指向车辆纵轴方向回转轴线处于倾斜位置。

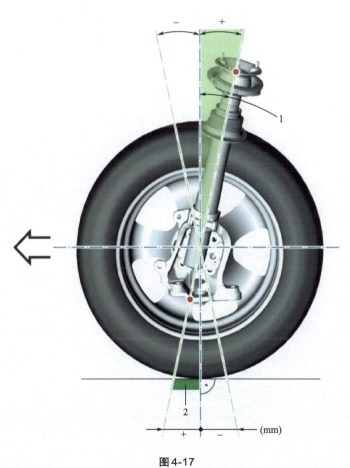

图4-17

1—主销后倾角；2—主销后倾拖距

温馨提示

第五章中二维码所在页码：144

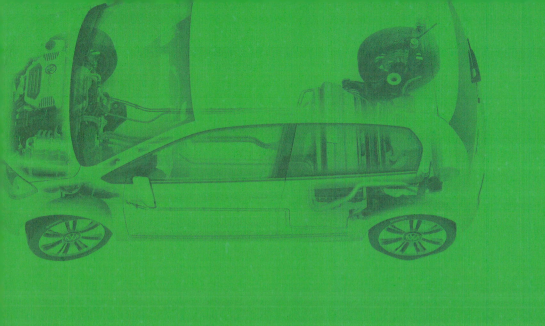

第一章
了解汽车

第二章
汽车发动机

第三章
汽车传动系统

第四章
汽车行驶系统

Chapter 05　**第五章**
汽车转向系统

第六章
汽车制动系统

第七章
汽车电气系统

第八章
汽车车身系统

第一节 概述

转向系统决定车辆行驶的方向。该系统负责车辆平稳、稳定以及安全转向。它必须稳固和完全可靠。转向系统由转向操纵机构、转向机和转向传动机构三个基本部分组成。

结构通解 （图5-1）

（1）转向操纵机构

转向操纵机构是驾驶员转动使车辆转向的零件，包括转向盘、转向轴和转向管柱。

（2）转向机

转向机降低转向轴转动速度的同时，将转向轴的转动传递给转向传动机构。转向机箱体总成直接连接到车架。

（3）转向传动机构

转向传动机构除了将齿轮运动传递给前轮外，还要保持左、右轮之间的正确关系。转向传动机构包括转向摇臂、直拉杆、转向节臂和横拉杆等。

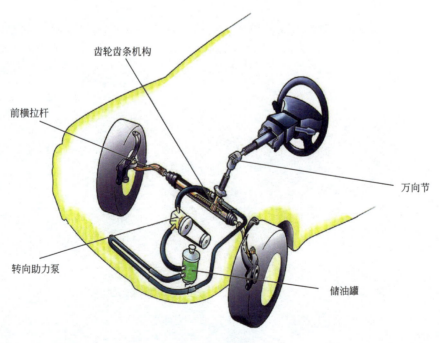

图5-1

第二节　转向机

　　有两种形式的转向机几乎用在当今所有车型上，循环球（RB）式和齿轮齿条（RP）式。RB式通常用于商用车辆上，RP式用于乘用车上。RB式具有两个优点：一个是可靠性比较高；另一个是受轮胎反冲力的影响较小，轮胎反冲会引起转向操纵机构振动。RP式也具有两个优点：一个是重量较轻；另一个是结构更简单，成本更低。

结构通解　（图5-2）

　　RB式转向机上，螺杆和螺母之间有几个球。当转向盘转动时，螺杆使球转动，然后移动螺母，最后使齿扇转动。因为使用这种系统摩擦损失非常小，所以这种形式的转向系统可靠，并有助于使转向更轻松。

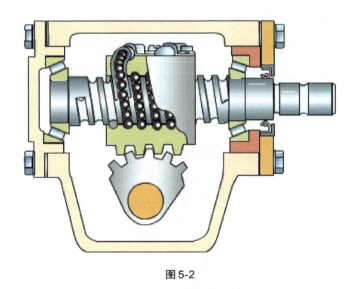

图5-2

结构通解　（图5-3）

　　RP式转向机上，有一个小齿轮连接到转向轴末端，它与齿条啮合，来改变车轮方向。由于齿条作为横拉杆，直接由转向轴驱动，所以转向运动响应性非常好。这种形式的转向机结构也相对简单。

扫一扫,看细节

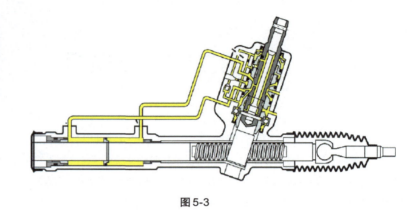

图 5-3

第三节 转向操纵机构

结构通解 (图5-4)

转向操纵机构部件包括转向盘、转向轴、转向管柱和转向轴万向节。点火钥匙开关部件安装在转向管柱盖中。为了安全,转向盘移动可以通过取出点火钥匙和使用螺栓锁止,然后将轴固定到转向管柱上。某些转向系统可能具有倾斜调整或伸缩装置,以使驾驶更舒适。

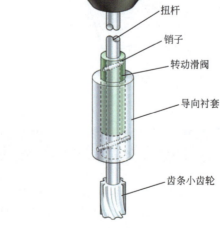

图 5-4

扫一扫,看细节

原理通解

（1）转向管柱和转向轴

转向轴位于转向管柱内部。转向管柱支承转向轴并将其固定到位，在转向轴顶部为转向盘，底部为挠性连接或万向节，以及其他将转向盘转动传递到转向机的零件。

（2）可收缩转向操纵机构

可收缩转向盘和转向管柱用于防止驾驶员在事故中受到严重伤害。在碰撞开始过程中可收缩转向管柱被压下时，在防止转向盘伤害驾驶员的同时，也缓冲了驾驶员与转向盘的二次碰撞。通过沿转向管柱垂直收缩，碰撞的能量被转向轴或转向管柱吸收。

结构通解 （图5-5）

机械调节和电动调节转向管柱的主要部件结构基本没有区别，这两种转向管柱都配有电动转向锁。

机械调节转向管柱是通过两组金属薄片来固定的，每组各有8片钢片。每4片钢片均可进行轴向调节，钢片上用于调节的间隙是呈轴向布置的。每侧的另4片钢片是呈垂直方向布置的，用于完成转向管柱的垂直调节。由两个辊子沿盘形凸轮的斜面向上运动来完成夹紧过程。偏心弹簧将杠杆固定住。

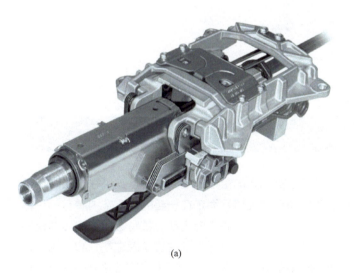
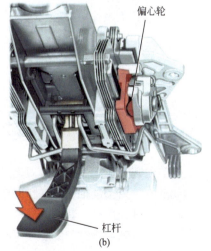

图5-5

结构通解 （图5-6）

电动调节转向管柱的轴向调整：带有减速器的电机和螺杆与箱式摇臂是固定在一起的，带有转向管柱的导板盒与调整座是固定在一起的，螺杆拧在调整座的内螺纹内，螺杆的旋转运动转换成导板盒和转向管柱的轴向运动。电机内有一个霍尔传感器，该传感器会测出电机转动的圈数，控制单元由此就可计算出转向管柱当前的位置。

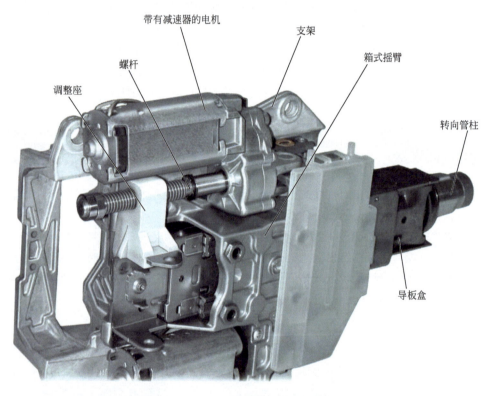

图5-6

结构通解 （图5-7）

电动调节转向管柱的垂直调整：带有导板盒和转向管柱的箱式摇臂是支承在支架内且可转动的，带有柔性轴、螺杆和减速器的电机与箱式摇臂是固定在一起的，支架内装有一个螺纹套，螺杆就拧在该套内，螺杆的转动会使螺纹套在垂直方向运动。带有导板盒和转向管柱的箱式摇臂就会绕共同的旋转中心转动，螺杆的另一端与一个圆柱齿轮固定在一起，这个转动通过一条齿形带传到转向管柱另一面的一根螺杆上，在这面使用相同的部件来进行调整。这种两面支承可以大大提高转向管柱的连接刚度。电机内有一个霍尔传感器，该传感器会测出电机转动的圈数，控制单元由此就可计算出转向管柱当前的位置。

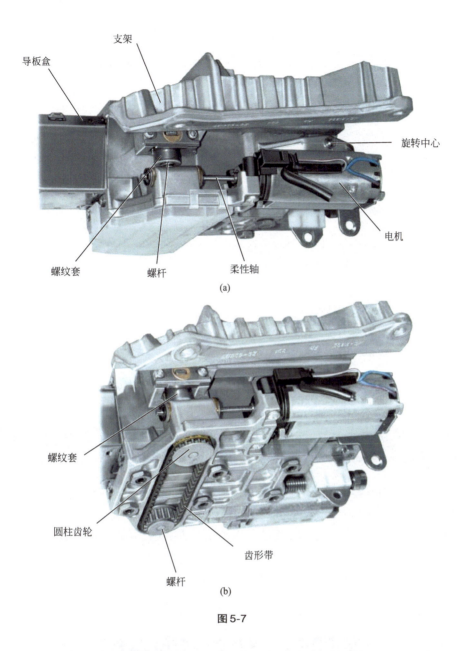

图 5-7

结构通解

电动转向柱锁如图 5-8 所示。

带有圆锥外花键的锁止轮通过一个滑动摩擦联轴节与转向管柱相连；带有圆锥内花键的锁止滑块支承在导板盒内，可以纵向移动。

电机通过蜗杆来驱动圆柱齿轮。换向杠杆支承在电动转向柱锁总成内，可纵向移动，并通过拉杆与锁止滑块相连。

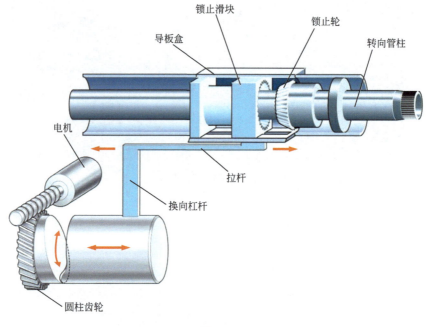

图 5-8

原理通解

电机开始工作时就会带动圆柱齿轮转动，圆柱齿轮的侧面呈斜面状。换向杠杆就在这个斜面上运动，且可根据圆柱齿轮和斜面的位置来纵向移动。

换向杠杆的运动会直接传给锁止滑块。当锁止滑块和锁止轮啮合在一起时，转向管柱就被机械锁定了。

第四节 动力转向系统

结构通解 （图5-9）

液压动力转向系统主要由转向机、助力泵、机油罐组成。

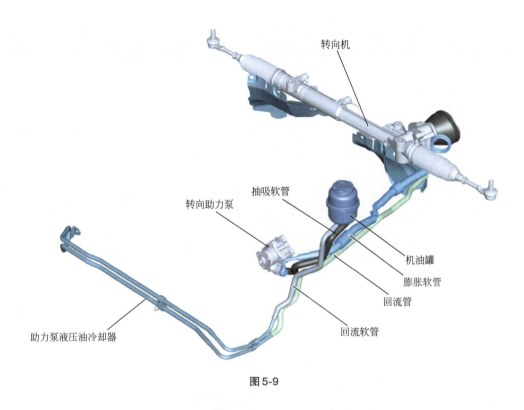

图 5-9

结构通解 （图5-10）

转动滑阀是单独一个件，它是通过螺栓安装在铝制转向机壳体上的。

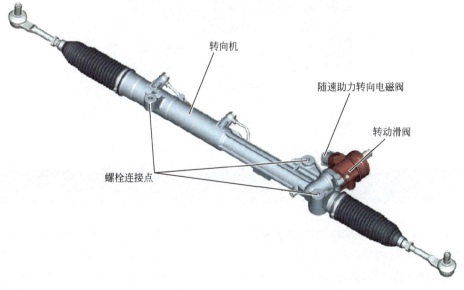

图 5-10

原理通解

液压动力转向系统通过一个液压转向助力泵产生转向助力，该助力泵由发动机的带传动机构进行驱动。通过转向力使转向管柱下端的扭力杆扭转。通过扭转控制阀门，从而使液压油作用于齿轮齿条式转向器内的工作活塞上。由此在齿轮上产生的作用力与驾驶员施加的转向力叠加。合力通过转向横拉杆促使车轮转向。

结构通解 （图5-11）

随速助力转向电磁阀是由供电控制单元来控制的。该控制单元的输入信号是来自ESP控制单元的速度信号。

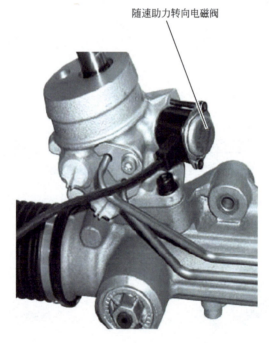

图 5-11

原理通解

随速助力转向电磁阀还可降低助力泵的热负荷。助力泵最大热负荷出现在转向盘保持止点位置时，这时转向机的活塞已经到达终点位置，但是助力泵还在供油，于是油压就会升高，直至泵内的压力限制阀打开，这时泵就通过一个短路径来供油，也就是说，所供的机油经过压力限制阀到达泵的吸油一侧，因而机油温度短时间内明显升高（图5-12）。

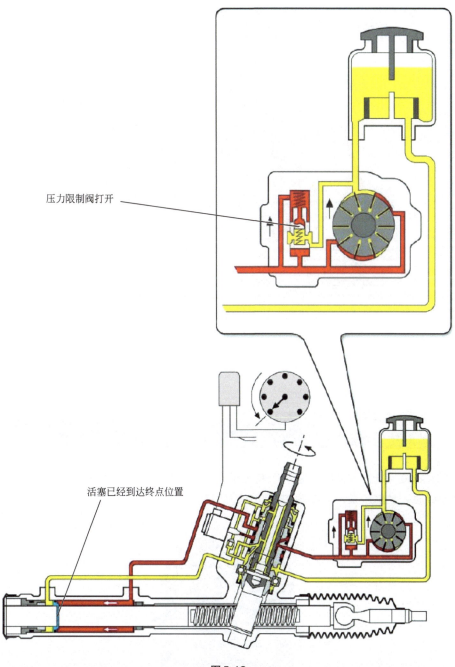

图 5-12

在这种情况下，控制单元增大了供给电磁阀的电流，于是该阀的孔口截面就增大了，比实际车速所要求的还大，通过打开的电磁阀就会多流出一些机油（流入机油罐），机油在流动中可将热量释放到环境中（图5-13）。这样就可以降低机油的温度了。根据转向角传感器通过CAN总线传来的信息，控制单元决定电磁阀的控制时间长短和控制电流的大小，这个调节过程只有在车速不超过10km/h时才能工作。

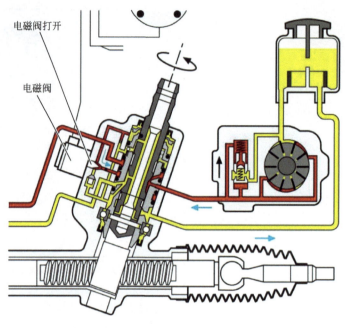

← 随速助力转向电磁阀打开时多流出的机油

图 5-13

结构通解 （图5-14）

机油罐内装有精细滤清器，它可以有效地滤掉液压系统内的污物和磨屑，因此可大大减轻部件的磨损，尤其是泵、转向阀和活塞油封的磨损。

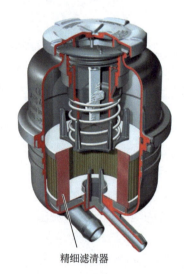

精细滤清器

图 5-14

第五节 电子转向系统

结构通解 （图5-15）

电动机械式助力转向系统（EPS）没有了液压助力系统的液压泵、液压管路、转向管柱阀体等结构，结构非常简单，通过减速器以纯机械方式将电机产生的助力传递到转向系统上。EPS电动助力转向系统是机电一体化的产品，它由转向管柱、扭矩传感器、伺服电机、控制模块等组成。

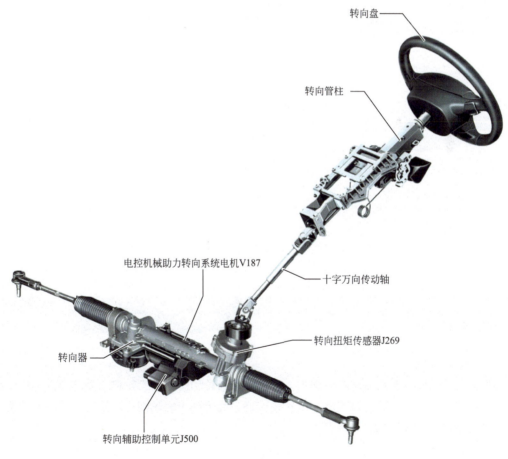

图5-15

原理通解 （图5-16）

车辆启动后系统开始工作，当车速小于一定速度（如80km/h），这些信号输送到控制模块，控制模块依据转向盘的扭矩、转动方向和车速等数据向伺服电机发出控制指令，使伺服电机输出相应大小及方向的扭矩以产生助动力，当不转向时，电控单元不向伺服电机发送扭矩信号，伺服电机的电流趋向于零。因此，在直行驾驶而无需操作转向盘时，将不会消耗任何发动机的动力，降低了燃油消耗。本系统提供的转向助力与车速成反比，当车速在一定速度（如80km/h）或以上时，伺服电机的电流也趋向于零，所以车速越高助力越小。因此，无论在高速、低速行驶操作过程中汽车具有更高的稳定性，驾驶员自身保持均衡不变的转向力度。

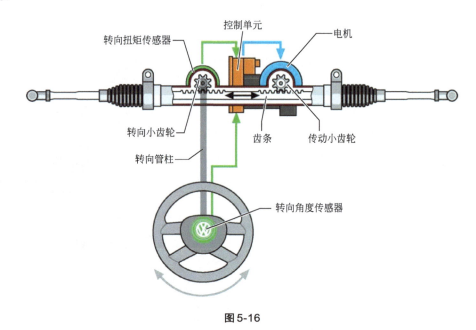

图5-16

结构通解 （图5-17）

（1）双小齿轮

双小齿轮电控机械助力转向系统中，由转向小齿轮和传动小齿轮将必需的转向力传递给齿条。驾驶员施加的扭矩通过转向小齿轮来传递，而传动小齿轮则通过蜗杆传动装置传递电控机械助力转向系统电机的支持扭矩。

（2）转向器

转向器由转向扭矩传感器、扭转杆、转向小齿轮、传动小齿轮、蜗杆传动装置以及带控制单元的电机构成。

(3)电机及控制单元

用于转向支持的电机带有控制单元和传感单元,它安装在第二个小齿轮上。这样就建立了转向盘和齿条之间的机械连接。因此,当伺服电机失灵时,车辆仍可以通过机械传动进行转向。

(4)转向角度传感器

转向角度传感器位于复位环后侧,复位环上带有一个安全气囊滑环。转向角度传感器通过CAN数据总线将信号传递到转向管柱电子控制单元J527,由此控制单元获悉了转向角度的大小。转向管柱电子控制单元中的电子装置分析这个信号。

(5)转向扭矩传感器

转向扭矩传感器将转向盘扭矩直接传递给转向小齿轮。传感器根据磁阻原理进行工作。为了确保最高的安全性,它采用了双重结构(冗余结构)。

转向管柱连接在扭矩传感器上,转向器通过扭转杆连接在扭矩传感器上。连接转向管柱的元件上有一个磁极转子,在这个转子中不同磁极的24个区域轮流交替。每次使用两个磁极来进行扭矩分析。

(6)转子转速传感器

转子转速传感器是电控机械助力转向系统电机的组成部分。无法从外部接触到转子转速传感器。

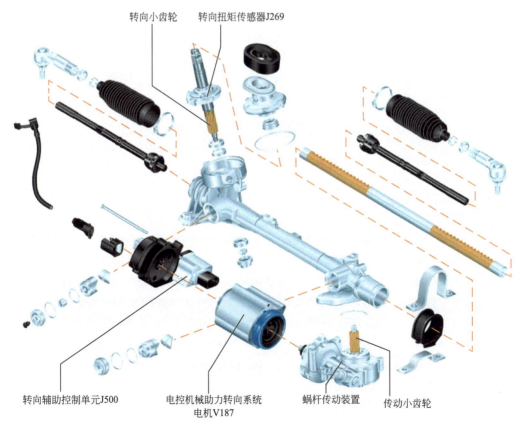

图 5-17

一般情况下的转向过程如图5-18所示。

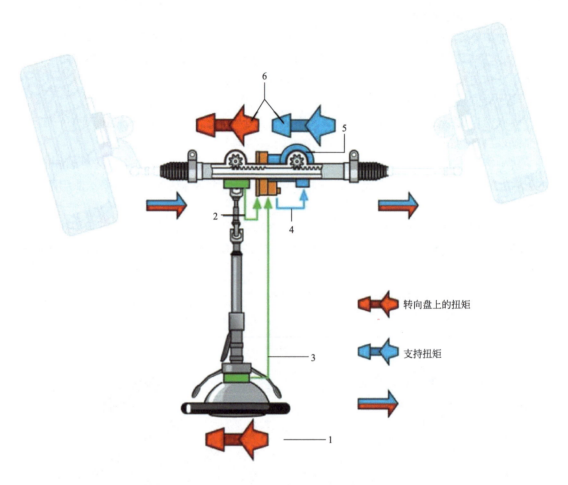

图5-18

1—驾驶员转动转向盘时，转向支持开始；2—由于转向盘上扭矩的作用，转向器中的扭矩杆转动。转向扭矩传感器J269探测扭矩杆的转动，并将探测到的转向扭矩传递给控制单元；3—转向角度传感器通知当前转向角度，而转子转速传感器通知当前转向速度；4—控制单元根据转向扭矩、车速、发动机转速、转向角度、转向速度和控制单元中的特性曲线计算出必需的支持扭矩，并启动电机；5—由第二个平行作用于齿条的小齿轮来进行转向支持，小齿轮的传动由电机来进行，电机通过一个蜗杆传动装置和一个传动小齿轮将转向支持力传递到齿条上；6—转向盘上的扭矩和支持扭矩的总和就是转向器上的有效扭矩，由该扭矩来传动齿条

高速公路行驶时的转向过程如图5-19所示。

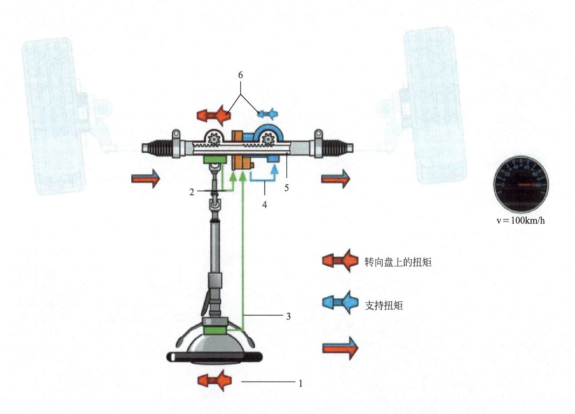

图5-19

1—换车道时，驾驶员轻打转向盘；2—扭转杆因此转动，转向扭矩传感器获悉扭转杆转动并通知控制单元，转向盘上有一个小的扭矩；3—转向角度传感器通知小转向角度，而转子转速传感器通知当前转向速度；4—根据一个小的转向扭矩、100km/h的车速、发动机转速、小的转向角度、转向速度及控制单元中的特性曲线（100km/h车速的特性曲线），控制单元获悉必须有一个小的支持扭矩或无需支持扭矩，继而启动电机；5—高速公路行驶时，由第二个平行作用于齿条的小齿轮来进行一个小的转向支持，或者不进行转向支持；6—转向盘上扭矩加上最小支持扭矩就是换车道时的有效扭矩，由该扭矩来传动齿条

温馨提示

第六章中二维码所在页码：161，168，171

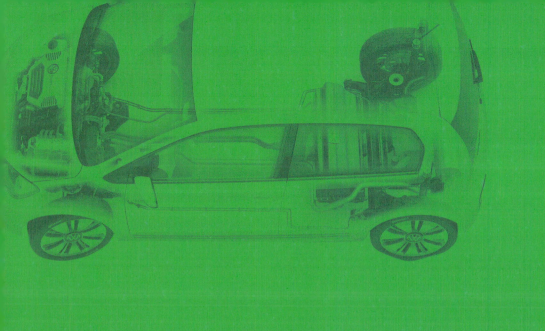

第一章
了解汽车

第二章
汽车发动机

第三章
汽车传动系统

第四章
汽车行驶系统

第五章
汽车转向系统

Chapter 06 **第六章
汽车制动系统**

第七章
汽车电气系统

第八章
汽车车身系统

第一节　液压制动系统

结构通解　（图6-1）

行车制动器采用液压制动系统。行车制动器由以下部件构成：带有制动踏板的踏板机构；带有主缸的制动助力器液压回路，带有制动力液压调节单元；传输制动力的制动管路和制动液补液罐；四个车轮制动器，带有制动钳、制动摩擦片和制动盘。

行车制动器必须采用双回路设计，其中一个制动回路失灵时，允许可达到的减速度降低，但是必须确保车辆仍能安全停稳。

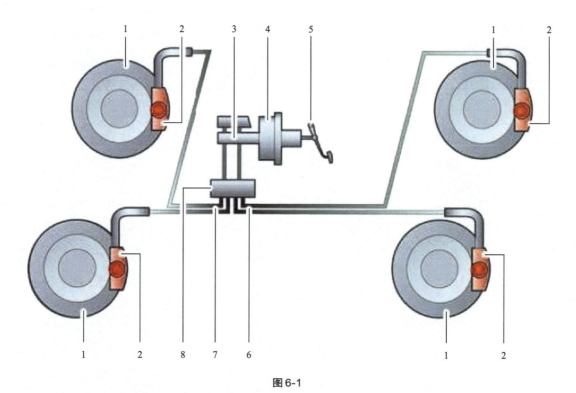

图6-1

1—制动盘；2—制动钳；3—制动主缸；4—制动助力器；5—制动踏板；
6—后部制动回路；7—前部制动回路；8—制动力调节单元

原理通解

液压助力装置的工作原理是使一个液压管路系统内的压力保持恒定。驾驶员通过踩踏制动踏板启用行车制动器。这样可以无级控制制动强度。

一、制动助力器和串联制动总泵

结构通解

串联式真空助力器和串联式制动总泵如图6-2所示，制动液罐也是一个单独的部件，它安装在制动总泵上。

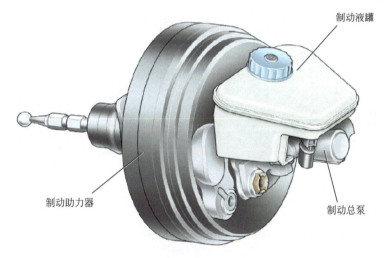

图6-2

原理通解

制动助力器以气动方式将驾驶员通过制动踏板施加的作用力增大。在制动助力器输出端装有一个压杆。该压杆操纵总泵（主缸）内的两个活塞（分别用于两个制动回路）并由此产生液压系统内的压力。由于带有两个活塞，因此又称为串联式制动总泵（主缸）。

制动总泵将驾驶员踩踏板的力转换成液压，然后液压作用在前、后轮的盘式制动卡钳上并传给鼓式制动器的制动分泵。

二、盘式制动器

结构通解（图6-3）

盘式制动器也称碟式制动器，主要由制动盘、制动钳、摩擦片、分泵、油管等部分构成。盘式制动器中的制动盘是一只与车轮一起转动的金属盘（也有陶瓷的），有实心式制动盘（用一单盘转子制成）和通风式制动盘（内部空心）之分。

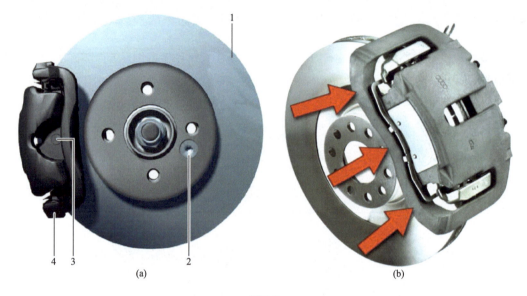

图6-3

1—制动盘；2—制动盘的固定螺栓；3—制动摩擦片；4—制动钳

原理通解（图6-4）

盘式制动器通过液压系统把压力施加到制动钳上，使制动摩擦片与随车轮转动的制动盘发生摩擦，从而达到制动的目的。

在制动钳上带有制动管路接口。踩下制动器时，制动管路内的液压就会作用到制动钳内的活塞上，所产生的压力F将制动摩擦片压到制动盘上，通过该压力使制动摩擦片与制动盘之间产生摩擦，随即产生的摩擦力阻止车轮移动并对其进行制动。车轮或整个车辆的动能通过摩擦转化为热能。在紧急、反复减速过程中可能会达到极高温度，甚至可能会使制动盘变得炽热。

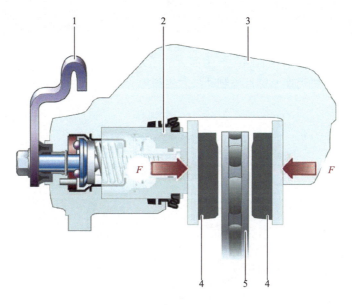

图 6-4

1—拉线固定杆；2—活塞；3—制动钳壳体；4—制动摩擦片；5—制动盘

三、鼓式制动器

结构通解（图6-5）

鼓式制动器主要包括制动轮缸、制动蹄、制动鼓、摩擦片、回位弹簧等部分，主要是通过摩擦片与随车轮转动的制动鼓内侧面发生摩擦，从而起到制动的效果。

图 6-5

原理通解 （图6-6）

在踩下制动踏板时，系统油路中产生很大的压力，这样，鼓式制动器制动分泵的活塞推动制动蹄向外运动，进而使摩擦片与制动鼓发生摩擦，从而产生制动力。

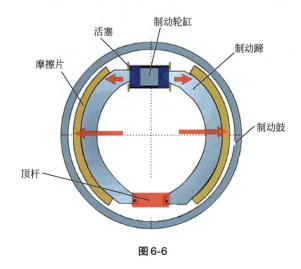

图6-6

第二节　驻车制动器

结构通解

驻车制动器俗称手刹，如图6-7所示。

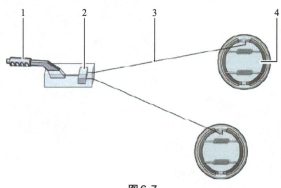

图6-7

1—驻车制动器操纵杆；2—平衡装置；3—制动拉线；4—制动器

> 原理通解

驻车制动器的结构和工作原理在某些方面与行车制动器有很大不同。通过拉杆（踏板）以机械方式操作驻车制动器。制动拉线的作用力施加到制动蹄撑开装置上，将两个制动摩擦片向外压到鼓上。该压力使制动摩擦片与制动鼓之间产生与驻车制动力相等的摩擦力。

第三节 电子辅助制动系统

一、制动防抱死系统

> 结构通解 （图6-8）

制动防抱死系统（ABS）是在普通制动系统的基础上加装轮速传感器、ABS电控单元、制动压力调节器及制动控制电路等组成。

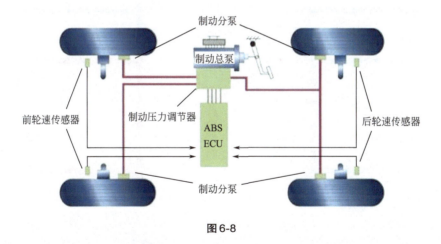

图6-8

> 原理通解 （图6-9）

驾驶员操作制动踏板，经过电子控制单元干预，在电磁阀关闭和完全打开之间的任何位置，制动压力可根据要求来改变，这是车辆实现舒适制动的一个前提条件。

(a)

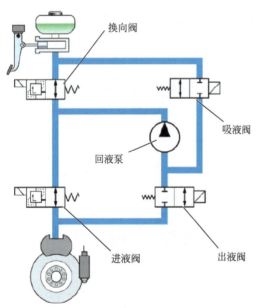
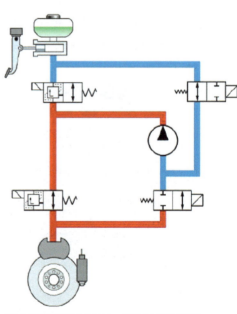

无ECD请求：电磁阀都未通电，驾驶员可通过打开的换向阀和进液阀来调整制动压力

通过ECD请求建立起压力：换向阀和吸液阀被通上了电，回液泵通过打开的吸液阀抽取油液并调节制动压力

(b)

图 6-9

原理通解 （图6-10）

车辆在干燥道路上突然施加制动或在湿滑道路上正常施加制动，制动力过大会严重影响车轮正常转向，这样车轮可能会抱死。当前轮抱死时转向系统不能控制车辆，当后轮抱死时车辆将进入自旋的情况。为了防止这种情况，车辆需装备ABS系统。

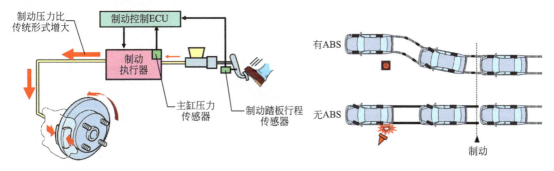

图6-10

原理通解

牵引力控制系统TCS，如果和ABS相互配合使用，将进一步增强汽车的安全性能。TCS和ABS可共用车轴上的轮速传感器，并与行车电脑连接，不断监视各轮转速，当在低速发现打滑时，TCS会立刻通知ABS动作来减少此车轮的打滑。若在高速发现打滑时，TCS立即向行车电脑发出指令，指挥发动机降速或变速器降挡，使打滑车轮不再打滑，防止车辆失控甩尾。TCS牵引力控制系统、ABS、ASR、EBV、MSR、EDS、ESP和ECD基本工作原理都是一样的。图6-11所示为控制制动力及发动机输出示意。

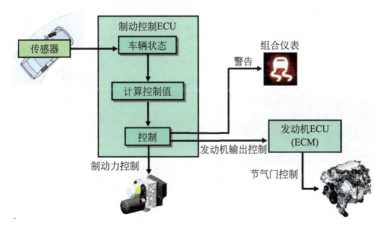

图6-11

二、电子驻车系统

结构通解（图6-12）

电子驻车制动系统EPB代替了传统的驻车制动系统，使驻车制动可通过简单的开关操作来实现。

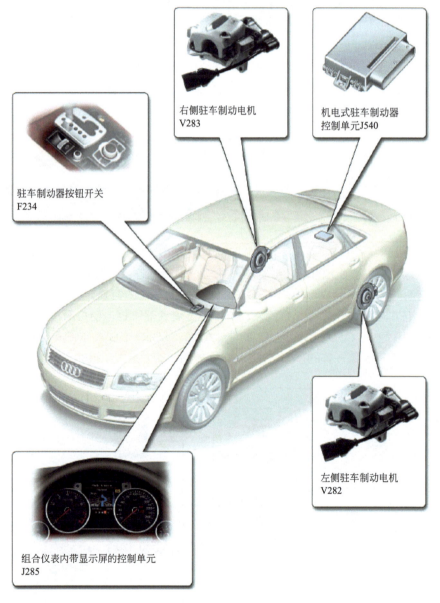

图6-12

结构通解 （图6-13）

制动摩擦衬块的收紧是通过一根螺杆的带动来实现的，这根螺杆上的螺纹是可以自锁的，它是由斜轴轮盘机构来驱动的。斜轴轮盘机构是由一个直流电机来驱动的，它和直流电机通过法兰固定在制动钳上。

图6-13

原理通解 （图6-14）

EPB电子驻车制动系统由装有行星齿轮减速机构和电机的左、右后制动钳和电控单元组成，该系统电控单元与整车控制器局域网（CAN）通信，对左、右后制动钳上的电机进行控制。当需要驻车制动时，EPB按钮被按下，按钮操作信号反馈给电控单元，由电控单元控制电机和行星减速齿轮机构工作，对左、右后制动钳实施制动。常用的自动控制功能有两种：一种是系统在发动机熄火后，通过整车CAN与该系统电控单元联合控制电机对左、右后制动钳实施制动。另一种是坡度驶离，在坡上，车辆起步时，EPB电控单元控制左、右后轮制动钳，使其自动松开，车辆自动驶离。EPB系统还可以与电子稳定性程序（ESP）联合工作。

图6-14

原理通解

EPB的功能如下。

（1）静态驻车制动

EPB的基本静态驻车制动功能与传统驻车相同。

（2）动态应急制动

在行驶过程中，按下EPB开关，EPB控制单元接收到开关信号后通过数据总线要求ESP系统控制行车制动，如果行车制动系统或ESP系统有故障，由EPB控制单元直接控制驻车制动系统工作（仅限于后轮）来应对这种紧急情况。

（3）自动车辆固定（AVH）

由ESP系统实现该功能的控制，主要是为了应对车辆由于路面交通信号使车辆在D挡停止时对车轮进行液压制动的控制，也同时是为了保证车辆在上坡起步时不会后移。

（4）制动间隙自动调整

EPB控制单元通过执行电机内的拉力传感器或霍尔传感器感知制动间隙的变化，然后执行电机驱动相关部件，自动调整间隙。

（5）应急释放

当EPB系统出现故障时，可以使用专用工具，插入到预留的应急释放孔内松开制动蹄片或制动钳，以解除后轮的驻车制动功能。

（6）系统自诊断

EPB控制单元通过C-CAN数据总线与其他控制单元实现数据交换，可以使用诊断仪对系统进行自诊断、数据流的读取及系统的一些功能设置。

扫一扫，多角度看细节

第七章中二维码所在页码：182，183，185，189，191

第一章
了解汽车

第二章
汽车发动机

第三章
汽车传动系统

第四章
汽车行驶系统

第五章
汽车转向系统

第六章
汽车制动系统

Chapter 07　第七章
汽车电气系统

第八章
汽车车身系统

第一节 起动机

结构通解 （图7-1）

起动机由直流电机、传动机构、控制装置（电磁开关）组成。

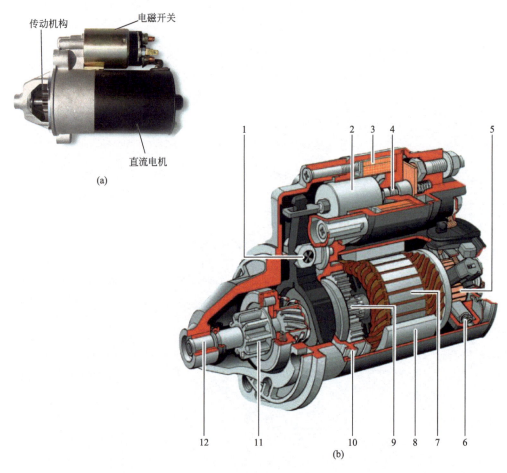

图 7-1

1—啮合拨叉轴；2—继电器电枢；3—继电器线圈；4—继电器弹簧；5—集电环；
6—炭刷；7—转子（电枢）；8—永久磁铁；9—行星齿轮箱；
10—带有减振装置的烧结齿圈；11—小齿轮；12—传动机构轴承

结构通解 （图7-2）

起动电机与小齿轮之间装有作为中间减速机构的行星齿轮箱。行星齿轮箱的任务是降低较高的起动机转速，同时提高小齿轮上的力矩。因为起动机轴输出功率与转速成正比，所以可以由此提高起动机功率，或在相同功率下减小尺寸。

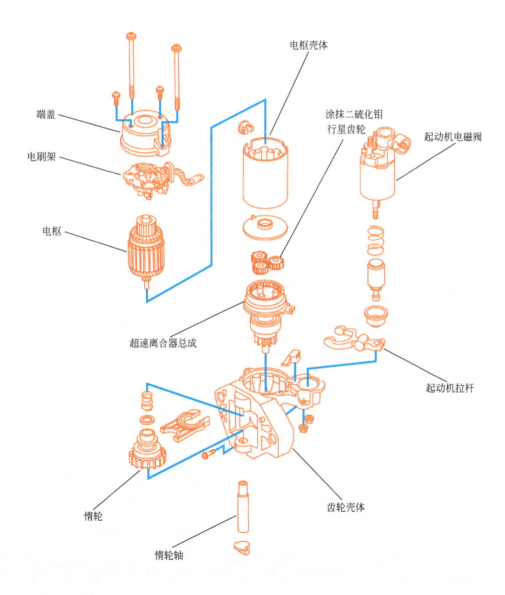

图7-2

结构通解 （图7-3）

操作启动开关后通过啮合继电器使啮合拨叉移动。此时小齿轮通过弹簧向前移动并在大螺距螺纹作用下转动。小齿轮的某个轮齿位于齿隙前时立即接合。如果小齿轮轮齿碰到飞轮的轮齿，则压回小齿轮侧的弹簧，直到啮合继电器接通电流。转子转动使小齿轮继续移向齿圈的端面，直到小齿轮可以啮合。

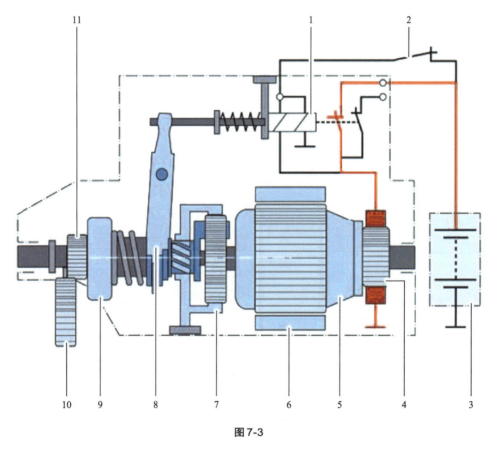

图7-3

1—啮合继电器；2—启动开关；3—蓄电池；4—集电环；5—转子；6—永久磁铁；
7—行星齿轮箱；8—啮合拨叉；9—自由滚轮；10—小齿轮；11—飞轮齿圈

原理通解 （图7-4）

从蓄电池正极接线柱出发的一根导线经过点火线圈，接在磁力开关的S端。这个导线是用来操纵磁力开关的。点火开关接通和切断电路，并控制磁力开关的动作。另一根导线直接连接在磁力开关的B端。导线具有优良的导电性能，因为将有强电流流过，以便使电机转起来。另一根导电性良好的导线连接在电机磁力开关的M端。电机内部换向器的触点接通B端和M端后，电流就从蓄电池流向电机，电机开始转动。

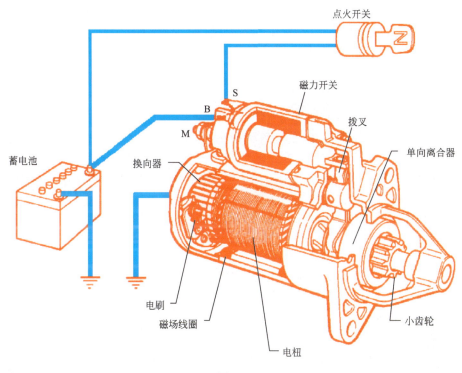

图 7-4

原理通解 （图7-5）

　　启动继电器控制起动机电机功能，点火开关操作启动继电器。通过发动机连接盒（EJB）熔丝给点火开关提供蓄电池电压。点火开关调至位置Ⅲ，给启动继电器线圈供给蓄电池电压。通过动力控制模块（PCM）的接地回路完成启动继电器线圈回路。当PCM从被动防盗系统（PATS）接收到正确信号时，接地回路才可用。

　　当启动继电器线圈激活，启动继电器紧密接触，通过EJB熔丝给起动机线圈回路供给蓄电池电压。通过起动机机壳接地回路完成启动继电器线圈回路。

　　起动机线圈有两个功能：第一是给起动机提供一个高能开关，介于蓄电池正极端子和起动机线圈之间；第二是作为起动机驱动齿轮与飞轮齿圈之间的机械离合器。

　　通过熔丝给起动机线圈提供蓄电池电压。使用起动机机壳和发动机/变速器接地线完成接地回路。

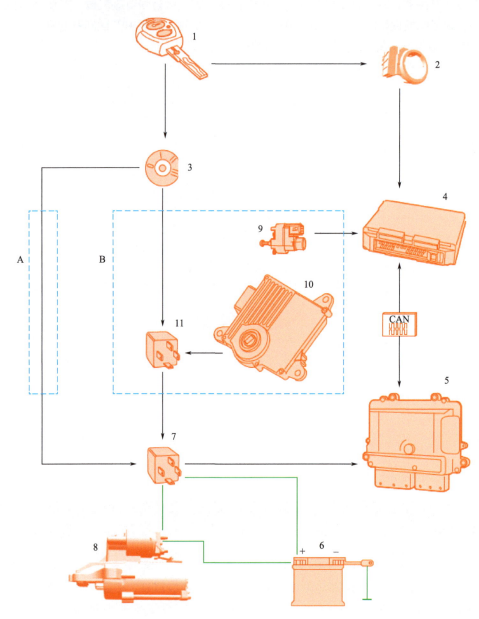

图 7-5

1—点火钥匙，配备接收器的 PATS（被动防盗系统）；2—PATS；3—点火锁；
4—GEM（通用电子模块）；5—PCM（动力系统控制模块）；6—蓄电池；
7—起动机继电器；8—起动机；9—制动灯开关；10—TCM（变速器控制模块）；
11—启动抑制继电器（安装有自动变速器的车辆）；
A—安装有手动变速器的车辆；B—安装有自动变速器的车辆

第二节 发电机

结构通解 （图7-6）

普通交流发电机一般由转子、定子、整流器、前端盖和后端盖及带轮等组成。发电机是汽车主要电源，由汽车发动机驱动，在发动机正常工作时，发电机对除起动机以外所有用电设备供电，并向蓄电池充电以补充蓄电池在使用中所消耗的电能。

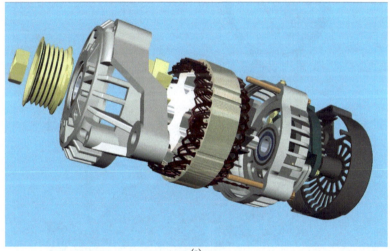

(a)

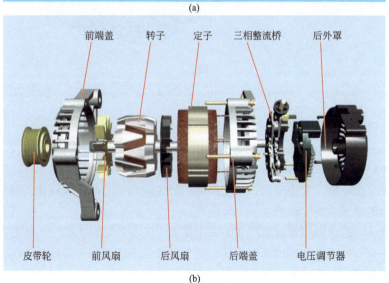

(b)

图 7-6

原理通解

目前汽车采用三相交流发电机,内部带有二极管整流电路,将交流电整流为直流电,所以,汽车交流发电机输出的是直流电。交流发电机必须装配电压调节器,电压调节器对发电机的输出电压进行控制,使其保持基本恒定,以满足汽车用电设备的需求。

当外电路通过电刷使励磁绕组通电时,便产生磁场,使爪极被磁化为N极和S极。当转子旋转时,磁通交替地在定子绕组中变化,根据电磁感应原理可知,定子的三相绕组中便产生交变的感应电动势。这就是交流发电机的发电原理(图7-7)。

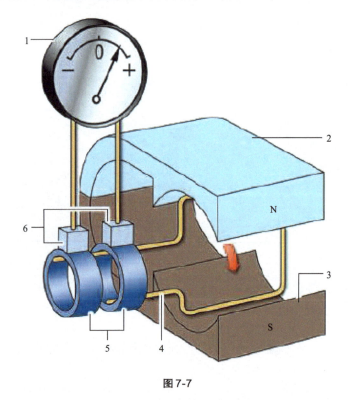

图7-7

1—电压表;2—N极;3—S极;4—导体回路;5—滑环;6—炭刷

交流发电机结构如图7-8所示。

定子内有三个以星形方式连接的线圈。线圈的起始点分别标有字母U、V、W,星形交叉点以字母N标出。线圈接头与整流器电路连接。发电机转子(电磁铁)转动时,每个定子线圈内都产生交流电压。交流电流在转子绕组内产生强度和方向连续变化的磁场。这三个磁场的共同作用形成一个旋转磁场。

线圈在定子内的这种布置使所产生的三个交流电压彼此错开120°。然后由九个二极管组成的电路将交流电压整流形成直流电压。这个直流电压还取决于发动机转速。怠速运转时电压较低,满负荷时电压较高。因此,安装一个调节器以使电压保持恒定。调节器不断将车载网络电压与发电机电压进行比较。

第七章　汽车电气系统

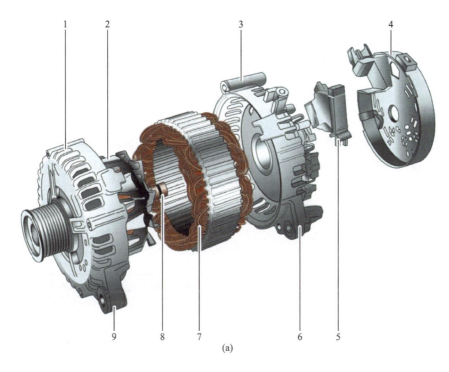

1—前部轴承盖；2—转子；3、9—固定装置；4—罩盖；5—调节器；
6—后部轴承盖；7—定子绕组；8—滑环

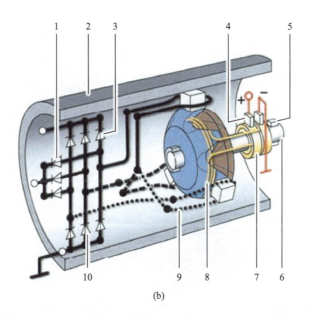

1—励磁二极管；2—壳体；3—正极二极管；4—炭刷；5—轴承；6—轴；
7—滑环；8—转子；9—定子线圈；10—负极二极管

图 7-8

第三节　汽车空调系统

汽车空调系统用于调节车室内空气温度、湿度、流速、流向和空气清洁度，为驾乘人员创造一个比较舒适的车内环境。按照功能分为五个子系统：制冷系统、暖风系统、通风系统、控制控制系统和空气净化系统。

一、空调制冷系统

结构通解（图7-9）

汽车空调制冷系统的主要部件有压缩机、储液干燥器、蒸发器和冷凝器以及空调硬管、软管等。其基本原理就是利用制冷剂由液态转变为气态或气态转变为液态的过程，吸收或释放热量。

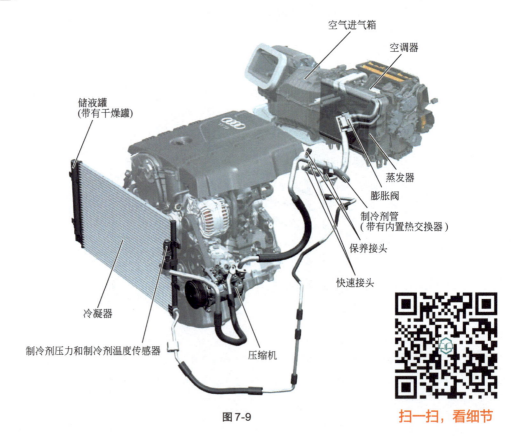

图7-9

扫一扫，看细节

原理通解 （图7-10）

制冷剂循环回路分为四个部分：低压，气态形式；高压，气态形式；高压，液态形式；低压，液态形式。空调制冷剂在管道内也可以分为两种不同的物质状态——气态与液态。一种物质在三态变化时，将伴随着吸收或释放热量。液态变为气态（蒸发）时吸收热量；气态变为液态（冷凝）时释放热量。汽车空调系统的制冷原理就是利用制冷剂由液态转变为气态或由气态转变为液态的过程吸收或释放热量。汽车空调制冷循环具体过程由以下四个部分组成。

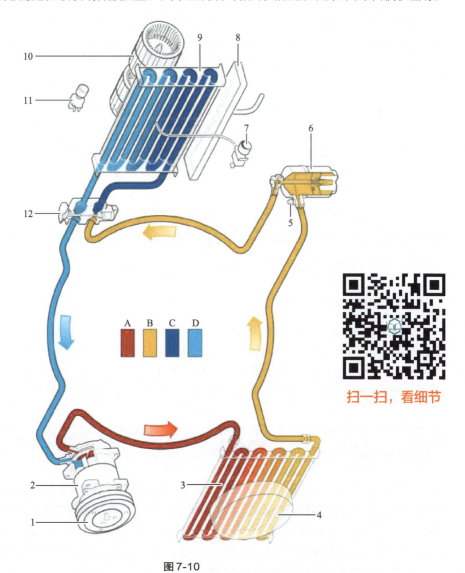

图 7-10

1—电磁离合器；2—压缩机；3—冷凝器；4—辅助风扇；5—压力传感器；6—储液罐；
7—蒸发器温度传感器；8—冷凝水排水槽；9—蒸发器；10—蒸发器风扇；11—风扇开关；12—膨胀阀；
A—高压，气态形式；B—高压，液态形式；C—低压，液态形式；D—低压，气态形式

（1）压缩过程

低温低压的气态制冷剂被压缩机吸入，并压缩成高温高压的制冷剂气体。该过程的主要作用是压缩增压，这一过程是以消耗机械功作为补偿。在压缩过程中，制冷剂状态不发生变化，而温度、压力不断上升，形成过热气体。

（2）冷凝过程

制冷剂气体由压缩机排出后进入冷凝器。此过程的特点是制冷剂的状态发生改变，即在压力和温度不变的情况下，由气态逐渐向液态转变。冷凝后的制冷剂液体呈高温高压状态。

（3）节流膨胀过程

高温高压的制冷剂液体经膨胀阀节流降压后进入蒸发器。该过程的作用是制冷剂降温降压、调节流量、控制制冷能力。其特点是制冷剂经过膨胀阀时，压力、温度急剧下降，由高温高压液体变成低温低压液体。

（4）蒸发过程

制冷剂液体经过膨胀阀降温降压后进入蒸发器，吸热制冷后从蒸发器出口被压缩机吸入。此过程的特点是制冷剂状态由液态变化成气态，此时压力不变。节流后，低温低压液态制冷剂在蒸发器中不断吸收汽化潜热，即吸收车内的热量又变成低温低压的气体，该气体又被压缩机吸入再进行压缩。

特别注意

进入压缩机内的制冷剂必须是气态的，不然会损坏压缩机。

1. 空调压缩机

斜盘式压缩机是目前汽车空调的主要机型，经过不断的技术改进，该压缩机已具有尺寸小、重量轻和功耗小等优点，斜盘式压缩机是轴向往复活塞式的，活塞的往复直线运动是依靠主轴带动斜盘或楔块转动时产生位置变化而产生的，它的活塞作用是双向作用，因此斜盘压缩机的往复惯性力能完全自然地得到平衡，往复惯性力矩也能得到平衡。

结构通解（图7-11）

外部调节式空调压缩机带有控制单元无级控制压缩机内的调节阀。系统根据通风温度、车外温度、车内温度以及蒸发器规定温度和实际温度，通过脉冲宽度调制电压信号改变压缩机曲柄箱内的压力比例。斜盘的倾斜位置随之改变，因此确定了排量和制冷功率。即使空调系统已关闭，多楔带也会带动压缩机继续转动。因此，可以在最小（0～2%）至最大（100%）之间调节压缩机功率和输送能力。

例如，如果需要较高的制冷功率，控制单元就会控制调节阀。脉冲宽度调制电压信号使调节阀内的柱塞移动。电压供给的持续时间确定了调节行程。通过调节可以改变高压与曲柄箱内压力之间的调节阀开启截面积。

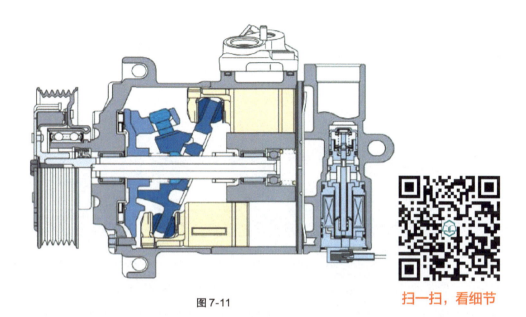

图 7-11

扫一扫，看细节

原理通解（图7-12）

热负荷较低时，抽吸压力（p_s）减小，调节阀的橡胶防尘套伸长，调节阀开启。因此，作用在斜盘腔上的高压压力（p_d）使斜盘腔内压力（p_c）升高。

斜盘腔内压力（p_c）×7（个缸）+斜盘左侧弹簧的作用力+作用在7个缸内活塞左侧的驱动盘反作用力之和，大于作用在7个活塞右侧的压力。下部活塞向右移动，从而减小斜盘的倾斜角度。因此，活塞行程减小，压缩机以最小行程运行。

斜盘左侧弹簧使7个活塞向右移动并减小斜盘角度，因此这个弹簧还具有启动弹簧的功能，以约5%的最小排量开始启动。此时控制单元关闭电磁阀的供电，该阀门开启。

原理通解（图7-13）

热负荷较高时，控制单元通过蒸发器温度传感器识别到温度较高并相应控制电磁阀。阀体向左移动，阀门关闭。抽吸压力（p_s）也较高，调节阀的橡胶防尘套压到一起并使阀体向左移动，从而关闭阀门，因此会减小高压压力（p_d），斜盘腔内压力（p_c）下降到接近抽吸压力（p_s）。压力平衡通过一个孔（气流）实现。因此，斜盘腔内压力（p_c）×7（个缸）+斜盘左侧弹簧的作用力+作用在7个缸内活塞左侧的驱动盘反作用力之和，小于作用在7个活塞右侧的压力。因此下部活塞向左移动，从而增大斜盘的倾斜角度。其结果是活塞行程提高，压缩机以最高100%的功率运行。

如果蒸发器温度降低，则会通过蒸发器温度传感器识别到。控制单元相应控制电磁阀并将其略微打开，以便通过这种方式降低压力并借此减小斜盘角度。

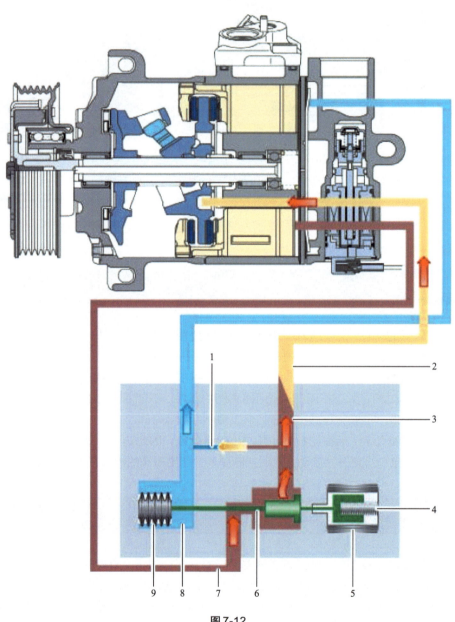

图 7-12

1—p_c 与 p_s 之间的喷射孔；2—斜盘腔内压力 p_c；3—气流；4—弹簧；5—线圈（电磁阀）；
6—阀柱塞；7—高压压力 p_d；8—抽吸压力 p_s；9—带弹簧的橡胶防尘套

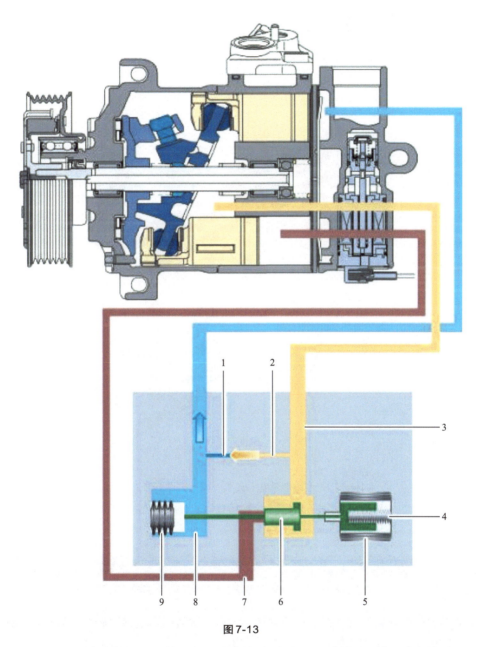

图7-13

1—p_c与p_s之间的喷射孔；2—气流；3—斜盘腔内压力p_c；4—弹簧；5—线圈（电磁阀）；6—阀柱塞；7—高压压力p_d；8—抽吸压力p_s；9—带弹簧的橡胶防尘套

2. 冷凝器

结构通解 （图7-14）

冷凝器由蛇形管和鳍片组成，鳍片与管固定连接在一起，因此热交换面积大且热传递效果好。

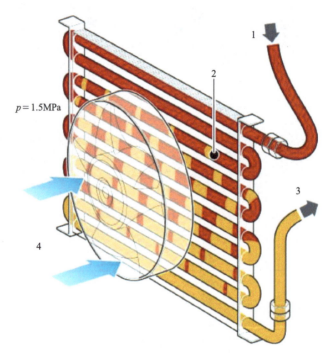

图7-14

1—入口处制冷剂温度（80℃）；2—露点（55℃）；
3—出口处制冷剂温度（约为45℃）；4—车外空气（30℃）

原理通解

冷凝器的任务是将制冷剂在压缩机内压缩过程中吸收的能量通过散热片以热量的形式散发到车外空气中去，从而使气态形式的制冷剂重新变为液态形式。在此过程中必须使能量释放出去，以便在制冷剂重新注入蒸发器时能够再次从待冷却的空气中吸收热量。

冷凝器的工作过程如下。

第一阶段：来自压缩机的压力为1.0～2.5MPa、温度为60～120℃的气态热制冷剂将其高热能释放到车外空气中。

第二阶段：制冷剂冷凝下来，在此制冷剂释放出较多的能量，以便液化为液体。

第三阶段：液态的制冷剂继续释放出能量，这种状态称为制冷剂过度冷却，这也可以防止在至膨胀阀的通道上形成气泡。

通过过度冷却可使制冷剂释放出的热量大于液化时所需要的能量。过度冷却的制冷剂可以在蒸发器内吸收较多的能量，因此提高了系统的制冷能力。制冷剂在冷凝器内过度冷却程度越大，空调系统的制冷能力越高。紧靠冷凝器前面安装的辅助风扇可以提供更多的冷空气。制冷剂在冷凝器内保持高压状态（1.0～2.5MPa）。80%～90%的冷凝器功率消耗在实际冷凝过程中，此时温度下降30～40℃。

3.外部储液罐和干燥器

结构通解（图7-15）

储液罐作为制冷剂的膨胀容器和储罐使用。由于运行条件不同，如蒸发器和冷凝器上的热负荷以及压缩机转速等，泵入循环回路内的制冷剂量不同。为了补偿这种波动，空调系统安装了一个储液罐。来自冷凝器的液态制冷剂收集在储液罐内，蒸发器内冷却空气所需要的制冷剂继续流动。

干燥剂与少量的水发生化学反应并借此将水从循环回路中清除。根据具体型号，干燥剂可以吸收6～12g水。吸收量取决于温度。温度降低时吸收量提高。例如，如果温度为40℃时干燥器饱和，那么60℃时水会再次析出。

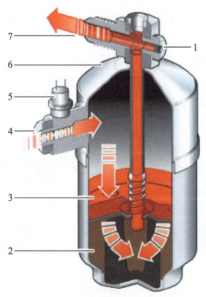

扫一扫，看细节

图7-15

1—安全阀；2—过滤干燥器；3—滤网；4—接口（自冷凝器）；
5—压力传感器；6—壳体；7—连接膨胀阀的输出接口

干燥器还可以过滤掉压缩机磨损产生的颗粒、安装时的污物或类似物质。

制冷剂从上面进入储液罐内并沿着壳体内侧向下流动，然后必须经过过滤干燥器以清除水分。制冷剂向上流动。干燥器上方有一个滤网，借此可过滤可能存在的污物。滤芯与能够吸水的海绵相似。分子滤网和硅胶吸附水分，除了水分外活性氧化铝还可以吸附酸。有些车辆空调系统中，干燥器集成在冷凝器内，不再是独立的部件。

原理通解

压力传感器安装在储液罐上，该传感器根据空调系统内的高压压力输出一个电压信号。信号传输给数字式发动机电子系统模块。此后发动机电子系统模块输出用于辅助风扇输出级的控制电压，从而控制响应的风扇挡。

4. 膨胀阀

结构通解（图7-16）

膨胀阀根据蒸发器出口处制冷剂蒸气的过热参数来调节至蒸发器的制冷剂流量。这些在当时运行条件下能够蒸发的制冷剂通过膨胀阀输送到蒸发器中。这样可最佳地利用整个热交换面积。

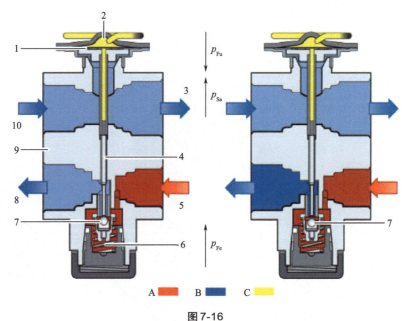

图7-16

1—隔膜；2—探测气体；3—至压缩机；4—针阀；5—自冷凝器；6—弹簧；7—钢球；
8—至蒸发器；9—壳体；10—自蒸发器；A—高压；B—低压；C—探测气体压力；
p_{Fu}—传感器管路内的压力（传感器充气）；p_{Sa}—蒸发器压力（低压）；p_{Fe}—调节弹簧力

膨胀阀作为制冷剂循环回路中高压和低压部分的一个分隔点安装在蒸发器前。为了使蒸发器达到最佳制冷能力，系统根据温度和压力调节经过膨胀阀的制冷剂流量。

原理通解

压力和温度通过蒸发器出口处制冷剂流过膨胀阀来测量。在膨胀阀头部测量所吸入制冷剂的温度，制冷剂压力作用在隔膜低侧。

打开阀门时阀针克服弹簧力向下移动，因此液态制冷剂流入蒸发器内。制冷剂蒸发，压力和温度降低。蒸发器出口处气态制冷剂的压力和温度用于通过一个隔膜打开和关闭阀门。

如果蒸发器出口处的温度降低，隔膜腔内的探测气体收缩，阀针向上移动并减少至蒸发器的制冷剂流量。

如果蒸发器出口处的温度升高，则这个流量增加。蒸发器出口处压力升高时将为关闭阀门提供支持，压力降低时将为打开阀门提供支持。只要空调系统处于运行状态，这个调节过程就会不断进行。

5.蒸发器

结构通解（图7-17）

蒸发器由带有压上式鳍片的蛇形管组成。制冷剂流过蛇形管。风扇将待冷却的空气吹过这些鳍片。为改善热传导效果，鳍片具有较大的表面积。

为了使液态制冷剂尽可能均匀地分布在蒸发器的整个面积上，制冷剂喷入蒸发器内后分为多个大小相同的支流。

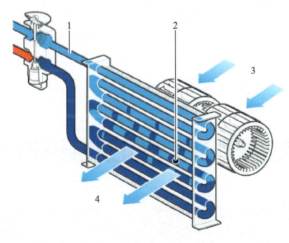

图7-17
1—低压；2—沸点；3—进气；4—出气

采用这种结构方式可以提高蒸发器的效率。各制冷剂支流在蛇形管端部汇集在一起，然后由压缩机再次吸入。

原理通解

蒸发器从外侧吸收空气中的热能并将其向内侧传到制冷剂上，因此蒸发器以热交换器方式工作。在此最重要的因素是通过制冷剂从液态变成气态时吸收能量。这个过程需要较多的热能，热能从有空气流过的鳍片中吸收过来。

在低压下以及在鼓风机输送车内热量的情况下，制冷剂蒸发。在此制冷剂变得很冷。在喷入过程中压力从 1.0 ~ 2.0MPa 降低到约 0.2MPa。

二、暖风系统

暖风系统又称采暖系统，其主要功用是在冬季为车内提供暖气以及为风窗玻璃除霜、除雾。

三、通风系统

通风系统的功用是净化车内空气，保持车内空气新鲜。汽车通风分为自然通风和强制通风两种形式。自然通风是利用汽车行驶时，在汽车内、外产生的风压来实现的换气通风。强制通风是利用鼓风机将车外空气强制送入车内来实现的换气通风。

四、控制系统

控制系统的功用是控制空调系统工作，实现制冷、采暖和通风。控制系统主要由电气部件、真空管路、操纵机构和控制开关等组成。控制系统一方面要对制冷和采暖系统的温度、压力进行控制，另一方面要对车内空气的温度、风量、流向进行操纵控制，从而实现空调系统的各项功能。

第四节　电气网络系统布局

结构通解

高尔夫轿车上的标准化路径铺设和安装位置如图 7-18 所示。

图 7-18

结构通解 （图 7-19）

车载网络形式多种多样，目前应用最为广泛的是 CAN 总线系统。CAN 总线是最初汽车业开发的一种具有很高保密性，有效支持分布式控制或实时控制的串行数据通信总线。汽车上各个控制系统对网络信息的传输延迟比较敏感，如发动机控制、变速器控制、安全气囊控制、ASR/ABS/ESP 控制、牵引力控制等对网络信息传输的实时性要求较高，需要采用高速 CAN 总线。

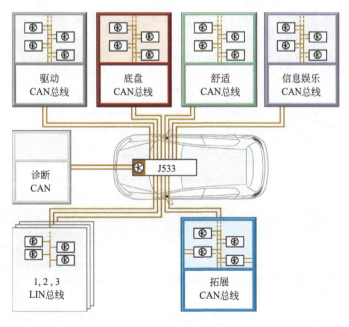

图 7-19

第八章中二维码所在页码：196

Chapter 08 第八章
汽车车身系统

第一章 了解汽车

第二章 汽车发动机

第三章 汽车传动系统

第四章 汽车行驶系统

第五章 汽车转向系统

第六章 汽车制动系统

第七章 汽车电气系统

一、车身尺寸

结构通解 （图8-1）

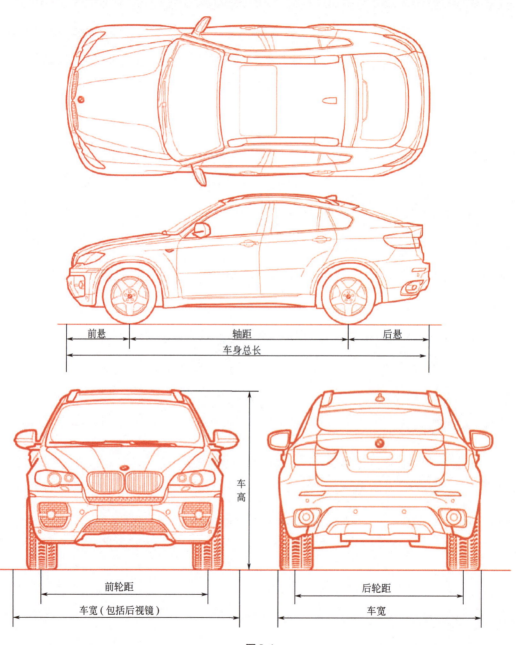

图 8-1

二、车身结构和材料

结构通解 （图8-2和图8-3）

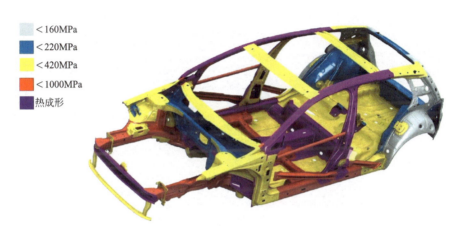

图8-2

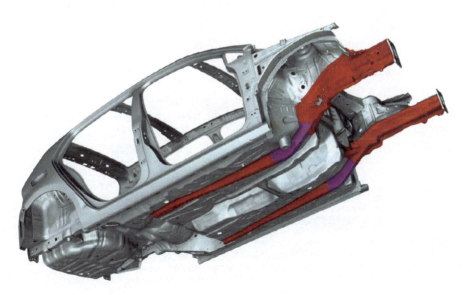

图8-3

结构通解 （图8-4和图8-5）

在车辆前端、B柱和尾部与车辆安全相关的区域内使用新类型钢板制成的众多车身加强件，与传统类型的钢板相比，这些新类型钢板大大提高了负荷能力。借此可使碰撞变形尽可能小，与乘员保护系统配合在最大程度上确保乘员的安全。

碰撞时产生的能量由车身结构承受，然后通过负荷路径吸收或有针对性地继续传递。

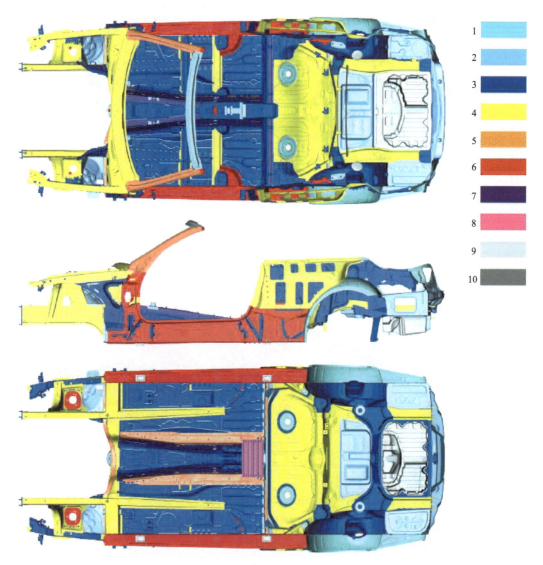

图8-4

Chapter 08　第八章　汽车车身系统

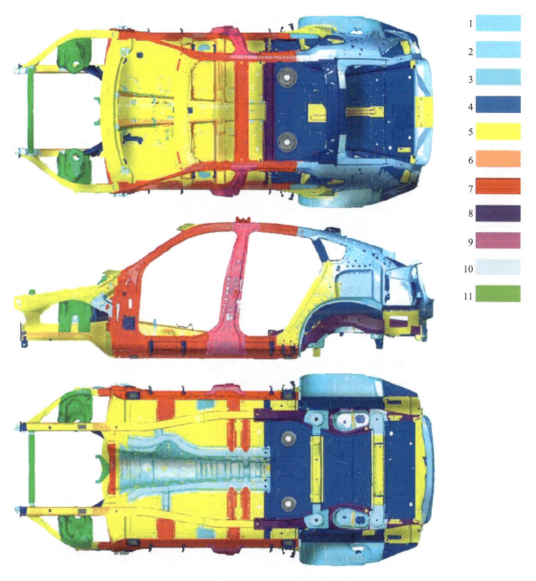

图 8-5

原理通解（图8-6）

针对被动安全性主要要求乘员区非常稳定坚固，即在发生高速碰撞事故时乘员区为乘员提供最高等级的保护。所采用的设计方案是通过多个负荷路径使传递到车身结构上的作用力经过发动机支架和底盘分布到乘员区上，从而确保各承载结构承受较小的负荷峰值。具体来说就是协调利用从车轮到车门槛的负荷路径，将发动机支架负荷分布到A柱、车门槛和贯穿式纵梁结构上。无论发生哪种类型的正面碰撞事故，都会促使车轮沿直线方向向后移向车门槛。因此产生了一个主负荷路径，该路径从障碍物/事故对方经过车轮至车门槛，为承受碰撞负荷，车门槛带有一个坚固的附加成形件（侧面纵梁附属件）。

发动机支架负荷从前围板前部经过前围板下部支撑梁传递至两个A柱内和车辆另一侧。此外，还通过中间通道上的连接板在背面支撑前围板下部支撑梁。发动机支架与变速箱支架托架之间的连接构成了另一个负荷路径。通过这种方式使所需要的各种成形件最佳融入满足和提高功能的要求中。

为了尽量减小前围板负荷和前围板向内挤压的高度，设计发动机支架时要求其按指定方式向外弯曲并形成相应的变形路径。经过车轮罩支撑梁传递至白车身的负荷分布在A柱上，经过车轮罩支撑梁加强件传递的负荷分布在车门槛内。这样可以降低A柱承受的负荷并使A柱后移程度降至最低。这种设计方案一方面可确保承受高碰撞负荷后车门仍然可以打开，另一方面可防止车门因碰撞负荷过高而自动打开。

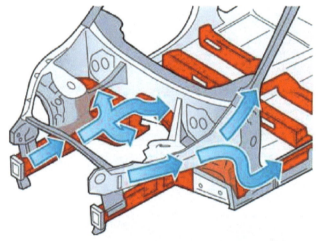

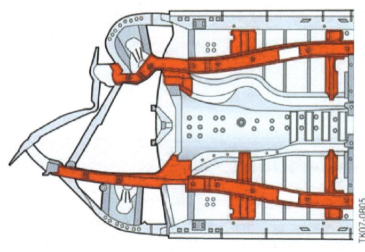

图8-6

原理通解 （图8-7）

发生侧面碰撞时，白车身也有助于尽可能防止乘员受伤。为此应准确协调钢板结构与乘员保护系统的相关特性。例如有些车型，采用的设计方案是，使B柱在任何测试负荷条件下都尽可能保持直立状态并以整体方式挤向车内。B柱中部承受的碰撞负荷最高。为了正确对待这种情况且保留轻型结构方案，在此采用了由一种最高强度材料制造、对碰撞性能有决定性影响的B柱加强件，即通过轧制方式使B柱中间区域的壁厚明显大于顶端和底端区域。

通过这个设计原则能够以最佳方式调整B柱变形特性以承受负荷。此后负荷通过车辆的横梁结构继续分布。因此地板上方出现的负荷通过座椅横梁传递到车辆未受碰撞的一侧。地板下方也有不同的横梁结构执行这项功能。在车顶区域内由刚性连接的车顶框架执行这项功能，在全景天窗车型上则由带有高刚度纵梁和横梁结构的车顶系统负责。

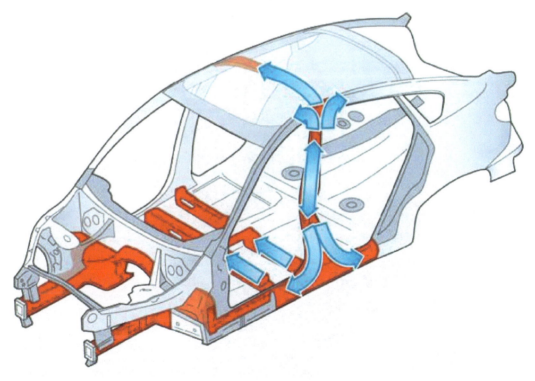

图8-7

三、车内装置

结构通解 （图8-8）

前部座椅装有电动调节装置,可对座椅进行调节,只需将座椅调节开关向所需方向移动。座椅最多有八个调节方向。

图8-8

1—头枕高度调节;2—靠背上部调节;3—靠背倾斜度调节;4—座椅纵向调节;5—座椅高度调节;
6—座椅倾斜度调节;7—座垫前后调节;8—靠背宽度调节

结构通解 （图8-9）

座椅可通过座椅调节开关来操纵座椅调节装置。

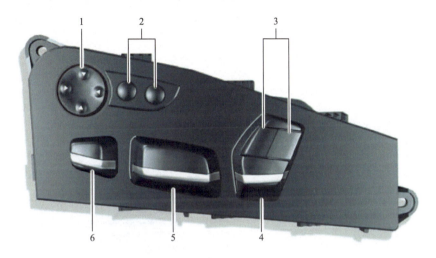

图 8-9

1—腰部支撑调节；2—靠背宽度调节；3—靠背上部调节；4—靠背倾斜度和头枕高度调节；
5—座椅纵向、座椅高度和座椅倾斜度调节；6—座垫前后调节

结构通解 （图8-10）

座椅加热装置操作按钮集成在后座区自动空调的操作面板上。后座区自动空调分析按钮信号并将所选加热挡信息传输给接线盒电子装置。

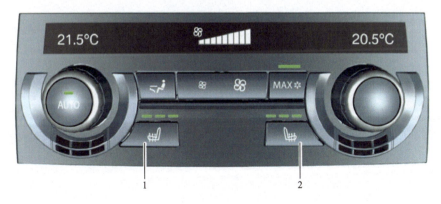

图 8-10

1—驾驶员侧后部座椅加热装置按钮；2—前乘客侧后部座椅加热装置按钮

结构通解 （图8-11）

空调座椅垫在座椅表面和靠背表面上都有相应开口。吸入的空气可通过这些开口调节座椅套温度。配合主动式座椅通风装置需使用特殊座椅套。座椅套上必须带有极小的出风口。由风扇吸入的空气可流过这些出风口，以此冷却座椅套并确保座椅套温度始终舒适。

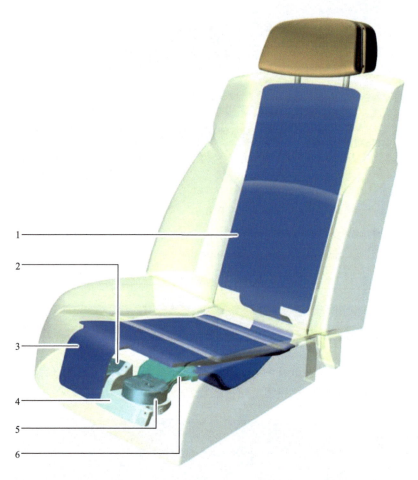

图8-11

1—靠背表面空调垫；2—座椅通风风扇；3—座椅表面空调垫；
4—用于降低噪声的噪声吸收装置；5—靠背通风风扇；
6—靠背表面空调垫适配器

参考文献

[1] [日]御崛直嗣著. 汽车是怎样跑起来的[M]. 卢杨译. 北京：人民邮电出版社，2013.
[2] http://price.pcauto.com.cn/cars/pic.html 太平洋汽车网.

欢迎订购化工版汽车图书

书号	书名	定价/元	出版时间
29458	教你成为一流汽车维修工（第二版）	59.80	2017.7
29058	驾驶员安全停车技术全程图解（第二版）	39.90	2017.5
27643	新能源汽车关键技术	88.00	2017.1
15704	图解汽车传感器识别·检测·拆装·维修	39.00	2013.3
20750	电动汽车结构·原理·应用	78.00	2015.1
21170	汽车电工入门全程图解	29.00	2014.10
20525	汽车维修工入门全程图解	29.00	2014.8
15236	教你成为一流汽车电工	39.00	2013.1
25172	汽车发动机构造·检测·拆装·维修	68.00	2016.1
25320	汽车底盘构造·检测·拆装·维修	48.00	2016.1
24823	汽车维修技师综合技能全程图解	29.00	2016.1
26439	汽车安全驾驶技术全程图解（经验+规律+技巧+要领）	39.90	2016.5
27661	明明白白养车修车	39.90	2016.10
26199	驾考通关必做1280题	39.90	2016.4
25568	驾驶员必知养车修车用车1500招	49.80	2016.2
26469	轻松学车考证（师傅版）	39.90	2016.5
26470	轻松学车考证（徒弟版）	39.90	2016.5
25531	轻松学车考证（2016：C1/C2/C3/C5全彩色版）	39.90	2016.1
24405	学车考证1000问	48.00	2015.10
17556	画说道路交通安全法规（画说交通安全丛书）	39.90	2014.1
17467	画说汽车安全驾驶（画说交通安全丛书）	39.90	2014.1
17442	画说汽车事故与预防（画说交通安全丛书）	39.80	2014.1
23220	汽车驾驶全程图解（自动挡：全彩精华版）	39.90	2015.5
23221	汽车驾驶全程图解（手动挡：全彩精华版）	39.90	2015.5
22760	轻松考驾照——不可不知的100个学车考证常识	39.90	2015.3
19061	私家车主必备——私家车常见故障快速处理一本通	39.90	2014.3
28022	汽车诊断技能全程图解	68.00	2017.1
28314	教你成为一流汽车诊断师	39.00	2017.1
28552	教你成为一流汽车钣金喷漆工（第二版）	39.00	2017.1
25425	教你成为一流汽车维修技师（升级版）	39.00	2016.1
25167	汽车电路图识读技巧与要领100例	48.00	2016.1
24540	载货汽车电气原理与整车电路图集	88.00	2015.9
26767	汽车维修基础500问	48.00	2016.7
26725	汽车电工基础500问	39.00	2016.7
22174	汽车维修技师1000问	49.80	2015.2

以上图书由化学工业出版社·汽车出版中心出版。如要以上图书的内容简介和详细目录，或者更多的专业图书信息，请登录http://www.cip.com.cn。如要出版新著，请与编辑联系。

地址：北京市东城区青年湖南街13号（100011）

购书咨询：010-64518888（传真：010-64519686）

联系电话：010-64519275　　联系邮箱：huangying0436@163.com